# MERVEILLEUX
# *Chocolat*

# MERVEILLEUX
## *Chocolat*

## PATRICIA LOUSADA

Stylisme : Janice Murfitt

Photographie : Ian O'Leary

Sélection
Reader's Digest

MONTRÉAL

Titre original de cet ouvrage
ULTIMATE CHOCOLATE

**Traduction-adaptation** Martine Lizambard

**Édition originale**
© 1997 Dorling Kindersley Limited, Londres
© 1997 Patricia Lousada, pour le texte

**Édition française**
© 1998 Éditions Solar, Paris

**Édition canadienne**
© 1998 Sélection du Reader's Digest
(Canada) Ltée, Montréal

**Données de catalogage avant publication (Canada)**
Lousada, Patricia — Merveilleux chocolat
Traduction de : *Ultimate Chocolate*. Comprend un index.
ISBN 0-88850-616-3
1. Cuisine (Chocolat). 2. Chocolat.
I. Sélection du Reader's Digest (Canada) (Firme).
II. Titre.
TX767.C5L6914   1998   641.6'374   C97-941512-8

Pour obtenir notre catalogue ou des
renseignements sur d'autres produits de
Sélection du Reader's Digest (24 heures
sur 24), composez le 1 800 465-0780.

Vous pouvez aussi nous rendre visite sur
notre site Internet : www. selectionrd.ca

98 99 00 01 02 / 5 4 3 2 1

Imprimé en Italie

# Sommaire

# Introduction

Tout le monde aime le chocolat, au point qu'il est devenu synonyme de gourmandise et de douceur. Sa saveur unique, à la fois riche et suave, délicate et puissante, a donné naissance à des centaines de recettes qui déclinent à l'infini un plaisir sans cesse renouvelé.

### Aux origines du chocolat

Le chocolat est fabriqué, entres autres, avec la fève du cacaoyer *(Theobroma cacao)*, originaire d'Amérique centrale et d'Amérique du Sud. Des siècles avant que l'Europe le découvre, les Mayas et les Aztèques en tiraient le *xocolatl*, une boisson qu'ils offraient à leurs dieux. Ces civilisations considéraient les plantations de cacaoyers comme un trésor, et les fèves, récoltées au cours de cérémonies religieuses, servaient de monnaie. Les premières fèves de cacao rapportées par Christophe Colomb, en 1502, n'intéressèrent pas grand monde, et ce fut Cortés, vingt ans plus tard, qui fit découvrir le chocolat aux Espagnols. Le conquistador avait goûté l'étrange boisson à la cour de Moctezuma, empereur des Aztèques. Assaisonné de piment, de rocou (colorant rouge extrait de la graine du rocouyer) et de gingembre, le *xocolatl* était versé d'une coupe dans l'autre jusqu'à ce qu'il devienne mousseux, puis était servi au souverain dans un hanap d'or massif. Au Mexique, à l'instar des Aztèques, les Espagnols utilisèrent les fèves de cacao comme monnaie d'échange, mais ils mirent du temps à s'habituer à cette boisson au goût amer. Au fil des années, les religieux espagnols adaptèrent le chocolat à leurs goûts ; ils l'adoucirent avec du sucre, de la cannelle et de la vanille. Battu à l'aide d'un fouet en bois souple, le chocolat devint onctueux ; désormais servi chaud, il était prêt à conquérir le Vieux Monde.

*Indien d'Amérique du Sud, entouré d'un pot et d'une tasse à chocolat*

### L'Europe découvre le chocolat

L'aristocratie espagnole fut tout de suite séduite par le chocolat : ne prêtait-on pas de nombreuses vertus médicinales à cette boisson par ailleurs délicieuse ? De retour d'Amérique, les premiers missionnaires français et italiens firent découvrir le breuvage des Aztèques à leur pays respectif. En 1615, Anne d'Autriche, infante d'Espagne, épousa Louis XIII et introduisit le chocolat à la cour de France. Mais ce fut le mariage de Marie-Thérèse d'Espagne avec Louis XIV, en 1660, qui lança véritablement la mode du chocolat. Marie-Thérèse n'avait que deux passions, avait-on coutume de dire : le roi et le chocolat ; l'une des domestiques de sa suite était entièrement dévolue à la préparation de sa boisson favorite. Toute la cour adopta le chocolat, qui se répandit très vite dans les milieux aristocratiques et littéraires.

*Une famille d'aristocrates buvant du chocolat*

À cette époque, un raffinement proprement inouï présidait au service du chocolat. La comtesse d'Aulnoy, qui séjourna à la cour d'Espagne en 1679, en décrit ainsi le cérémonial :

« Les tasses en porcelaine sont disposées sur des soucoupes en agathe décorées d'or. Le sucrier est également d'agathe et d'or. Il y a du chocolat glacé et du chocolat chaud ; dans une troisième verseuse, il est mélangé avec du lait et des œufs. On le déguste avec des petits gâteaux et des pains au lait […]. »

Dans les pays catholiques, on débattit sur la nature du chocolat. Était-ce une nourriture, ou bien une boisson licite pendant le carême ? Les jésuites, qui en faisaient le commerce, affirmaient qu'il ne rompait pas le jeûne tandis que les dominicains étaient d'un avis opposé ; la controverse dura pas moins de deux siècles et demi. En Angleterre, le chocolat apparut au milieu du XVIIe siècle et séduisit rapidement le monde des intellectuels. Les écrivains à la mode se réunissaient régulièrement au *Chocolate House*. Le chocolat était alors un produit de luxe, très lourdement taxé, à tel point que la contrebande des fèves de cacao se développa. Il fallut attendre 1853 et la baisse des taxes pour que le chocolat se démocratise enfin.

*Tasse à chocolat avec couvercle (Angleterre, vers 1805)*

### À boire... et à croquer

Pendant longtemps, les fèves du cacaoyer ne furent consommées que sous forme de boisson : elles étaient broyées avec de l'eau, puis la « liqueur de chocolat » ainsi obtenue était épicée, sucrée et liée d'un peu de fécule pour homogénéiser le beurre de cacao. Mais en 1828, le chimiste hollandais Conrad Van Houten mit au point une presse pour extraire le beurre de cacao des fèves. La pâte récupérée après ce traitement était presque totalement dégraissée ; séchée et finement moulue, elle donnait une poudre de cacao pur, celle que nous connaissons aujourd'hui et dont la fabrication n'a pas changé. Les industriels du chocolat adoptèrent immédiatement la presse de Van Houten, et les premières tablettes de chocolat à croquer firent leur apparition.

Aux États-Unis, l'industrie du chocolat se développa parallèlement à l'essor démographique et économique du pays. Les grandes marques d'aujourd'hui datent souvent du XVIIIᵉ siècle, comme le chocolat Baker, créé en 1765 par des immigrés irlandais. En 1849, attiré par la ruée vers l'or, l'Italien Domenico Ghirardelli partit pour la Californie et créa une chocolaterie à San Francisco. Son adresse est aujourd'hui aussi célèbre que son chocolat, fabriqué... place Ghirardelli. En Pennsylvanie, Milton Hershey réussit si bien grâce au chocolat qu'il édifia une petite ville, Hershey, où l'on peut se promener dans Chocolate Avenue ou Cocoa Street. En Suisse et en France, les chocolatiers s'organisèrent aussi. A la Compagnie française des chocolats et thés Pelletier, première entreprise industrielle fondée en 1770, succédèrent des grandes marques – Suchard, Kohler, Menier, Poulain –, qui se développèrent dans le monde entier.

### La fabrication du chocolat

Chaque année, la consommation de chocolat est en très nette augmentation. Pour répondre à cette demande sans cesse croissante, les plantations de cacaoyer se sont considérablement étendues, et les industriels ont réalisé de gros progrès dans la fabrication du chocolat. Néanmoins, la transformation des fèves de cacao en chocolat reste encore un processus particulièrement long et compliqué.

Le cacaoyer est un arbuste fragile des régions équatoriales ; il a besoin de chaleur (il ne supporte ni l'altitude ni les températures inférieures à 16 °C/60 °F) et d'humidité. Les moucherons, seuls insectes à polliniser ses fleurs, lui sont aussi indispensables. Le cacaoyer commence à produire à quatre ou cinq ans. Ses fèves sont contenues dans de grosses gousses, les cabosses, récoltées deux fois par an et aussitôt ouvertes à la machette, pour que les fèves puissent sécher au soleil. La production moyenne de chaque arbuste est très faible, compte tenu de la perte de poids des fèves lors du séchage : 500 grammes à 1 kilo de fèves par an. On trouve deux variétés principales de cacaoyer : le forastero, très productif, qui constitue 80 % des plantations, et le criollo, de rendement moindre, mais qui donne des fèves de grande qualité. Les chocolatiers les associent souvent pour améliorer le produit final. Il existe également de nombreux hybrides, le plus connu étant le trinitario. Tous les chocolatiers ont leurs recettes pour transformer les fèves de cacao, mais le procédé de base reste le même. Les fèves sont torréfiées, afin que leur arôme se développe et qu'elles perdent humidité et acidité. On les concasse ensuite, pour les séparer de leur enveloppe ligneuse, la coque, et de leur enveloppe fine, le tégument. Le germe, dur et amer, est également éliminé pendant cette opération. Les fèves écrasées sont passées à la presse, qui extrait la plus grande partie du beurre de cacao qu'elles contiennent. La pâte restante est alors séchée et moulue, ce qui donne du cacao pur, non sucré, plus ou moins dégraissé selon le degré de pressage des fèves. Pour obtenir du chocolat

*Gousse et fèves de cacao*

à croquer, on y ajoute du beurre de cacao et du sucre, et on l'aromatise – en général avec de la vanille. Le chocolat au lait, inventé en 1875, était jadis préparé avec du lait concentré, mais on utilise dorénavant du lait en poudre.

Autrefois, le chocolat n'avait pas l'onctuosité que nous lui connaissons aujourd'hui, mais une consistance granuleuse. En 1880, le Suisse Rodolphe Lindt lui donna son goût et son aspect actuels en inventant le conchage. L'opération consiste à malaxer continuellement la pâte, fortement enrichie de beurre de cacao, pendant plusieurs jours – jusqu'à une semaine ! On obtient ainsi un produit d'une consistance moelleuse et d'une grande finesse, le chocolat que nous apprécions tous.

*Publicité pour le chocolat (1913)*

### *Le chocolat et la santé*

Les propriétés diététiques du chocolat ont été longuement débattues. On sait que le sucre, en trop grande quantité, est mauvais pour la santé. Mais, précisément, le chocolat noir de qualité n'en contient que très peu ; en revanche, il est riche en éléments minéraux : calcium, potassium, riboflavine, fer, vitamines A, $B_1$, $B_2$, PP. Le phénol qu'il contient est un bon agent préventif des affections cardiaques. Il est pauvre en caféine – de 0 à 25 milligrammes par tasse, contre 75 à 175 milligrammes pour le café. Par chance, cet élixir de jouvence possède un goût très agréable et séduit tout le monde. Au XVIIe siècle déjà, Madame de Pompadour le recommandait comme aphrodisiaque, et Casanova estimait qu'il était, à cet égard, bien supérieur au champagne. Quoi qu'il en soit, le chocolat a ses fanatiques, et l'on peut parler, pour certains de ses adeptes, de dépendance. Le naturaliste Linné avait baptisé le cacaoyer *Theobroma*, « nourriture des dieux », en l'honneur de Quetzalcoatl, dieu des Aztèques. Mais la nourriture divine est aujourd'hui celle des hommes, pour leur plus grand plaisir.

---

## *Réussir les desserts au chocolat*

*Toutes les recettes de cet ouvrage sont exposées étape par étape, pour vous permettre de réussir à coup sûr. Il faut cependant respecter quelques règles simples :*

◆ Préparez et mesurez ou pesez tous les ingrédients avant de commencer une recette.

◆ Utilisez toujours des ingrédients à température ambiante ; sortez à l'avance du réfrigérateur les œufs, le lait et le beurre (seule la crème fraîche doit être battue très froide, faute de quoi elle se décompose).

◆ Les cuillerées sont rases : 1 cuillerée à thé = 5 ml ; 1 cuillerée à soupe = 15 ml.

◆ Les œufs sont de calibre « gros » (60 g/2 oz), sauf indication contraire.

◆ La taille des moules à tarte et à gâteau est très importante. Mesurez-les vous-même à l'intérieur, d'un bord à l'autre, sans tenir compte des dimensions annoncées par le fabricant.

◆ Allumez le four avant de commencer à préparer votre recette, et assurez vous qu'il a atteint la température souhaitée.

◆ Pour vérifier la température du four, placez un thermomètre adapté au centre.

◆ Les fours sont tous différents, et les temps de cuisson donnés constituent des moyennes. Vérifiez la cuisson de vos gâteaux 5 minutes avant la fin du temps indiqué, et rectifiez en conséquence.

✳ **Attention : les œufs crus ou très peu cuits sont susceptibles de provoquer des salmonelloses. Les recettes portant cette mise en garde sont déconseillées aux personnes âgées, aux jeunes enfants et aux femmes enceintes.**

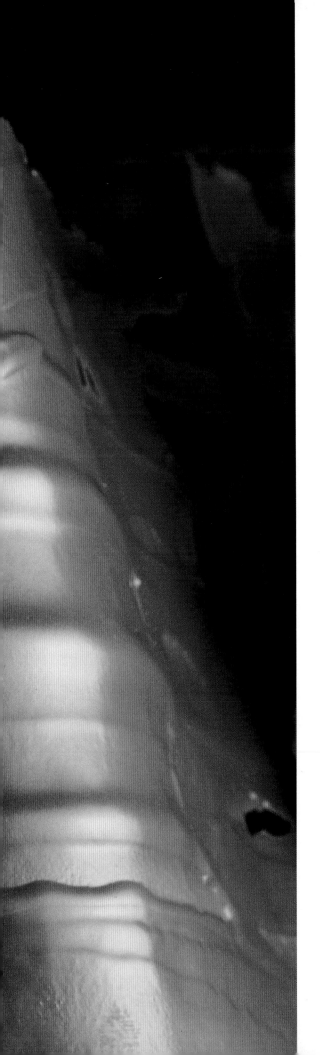

# Délices en
## chocolat

Les gâteaux, les desserts, les confiseries, les tartes, les biscuits et les petits fours présentés dans ces pages constituent le prologue et l'illustration des recettes détaillées plus loin. Vous y découvrirez les différentes façons d'utiliser le chocolat à travers le monde, aussi bien en pâtisserie et en confiserie qu'en cuisine. Quelle que soit la recette que vous choisirez ensuite de réaliser, vous pouvez être sûr de la réussir et de faire plaisir à votre entourage.

Délice marbré
*(voir pages 106-107)*

# Gâteaux fourrés

*Ci-dessus et page ci-contre :* fondant au chocolat et aux pacanes *(voir page 56)*

Il existe des gâteaux fourrés pour tous les goûts et pour toutes les occasions, du forêt-noire au biscuit roulé, du royal au gâteau du diable. Nous entrons dans le royaume de la crème au beurre, des noisettes, des amandes, des nappages aux fruits et de l'onctueuse chantilly : le paradis des gourmands…

« *Nulle part ailleurs que dans la minuscule fève de cacao la nature n'a-t-elle concentré autant d'abondance et de richesse en éléments nutritifs.* »

Alexandre von Humboldt, géographe du XIXᵉ siècle

Royal
*(voir pages 58-59)*

Gâteau au chocolat blanc
*(voir page 61)*

Ci-dessous :
forêt-noire
*(voir page 57)*

*Un délicieux gâteau au chocolat noir, richement garni de fruits et de crème fouettée*

# Gâteaux moelleux

*Ci-dessus et page ci-contre :*
gâteau truffé au chocolat
*(voir page 71)*

Chocolat au lait et chocolat noir se marient avec l'amande, la noisette, le marron, le cognac ou la vanille pour donner des gâteaux de haut goût. Voici une sélection de ces classiques de la pâtisserie, appréciés depuis plusieurs générations. Parmi eux, la célèbre Sachertorte autrichienne et le gâteau truffé au moelleux inimitable.

*« Quand je mourrai, dis-je à mon amie, je ne voudrais pas être embaumée ; plutôt enrobée de chocolat. "Noir ou au lait ?" me demanda-t-elle aussitôt. »*

Adrianne Marcus,
*La Bible du chocolat* (1982)

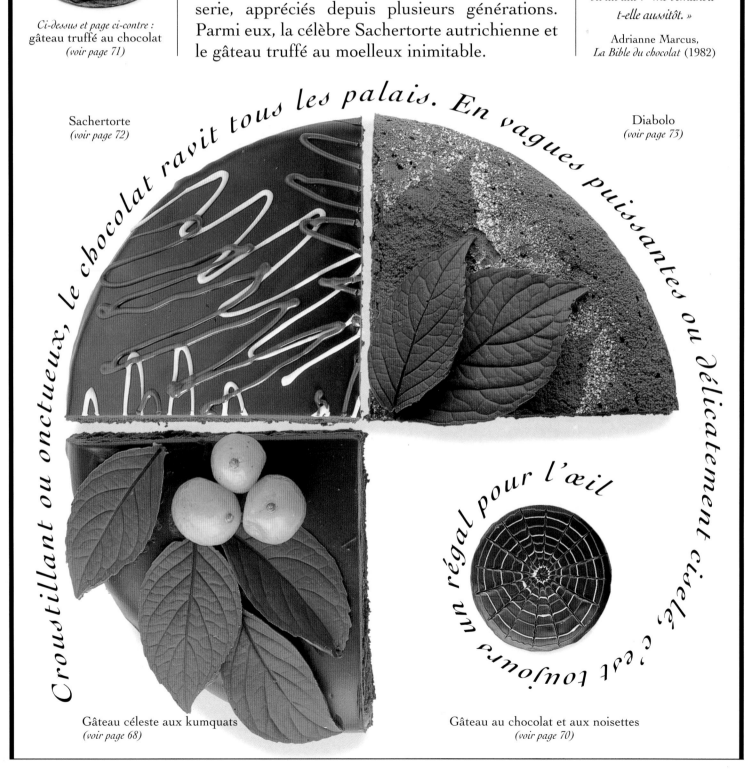

Sachertorte
*(voir page 72)*

Diabolo
*(voir page 73)*

Croustillant ou onctueux, le chocolat ravit tous les palais. En vagues puissantes ou délicatement ciselé, c'est toujours un régal pour l'œil

Gâteau céleste aux kumquats
*(voir page 68)*

Gâteau au chocolat et aux noisettes
*(voir page 70)*

# Biscuits et petits fours

*Ci-dessus et page ci-contre :*
tuiles chocolatées aux
noisettes *(voir page 89)*

Biscuits et petits fours au chocolat sont délicieux avec une tasse de café ou de thé, après le repas ou à l'heure du goûter. Ils accompagnent également à merveille les glaces et les salades de fruits. Faciles à réaliser, ils se conservent sans problème. Ils réjouiront le regard et combleront le palais des plus fins gourmets.

*« Je crois que je dois ma bonne santé à un régime étonnant, admirable, délicieux, qui consiste à boire du chocolat. »*

Marie de Villars,
épouse d'un ambassadeur
de France, 1680

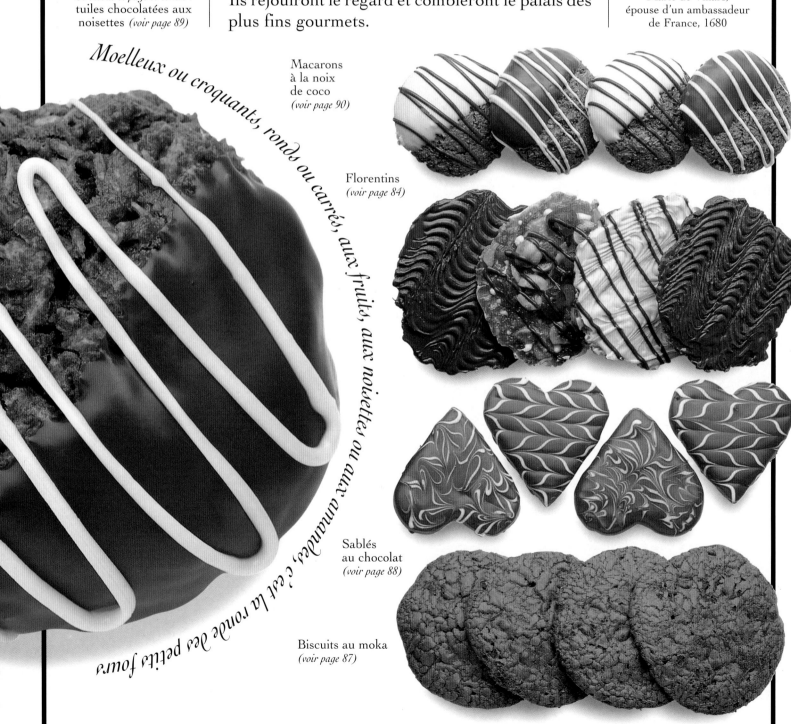

*Moelleux ou croquants, ronds ou carrés, aux fruits, aux noisettes ou aux amandes, c'est la ronde des petits fours*

Macarons
à la noix
de coco
*(voir page 90)*

Florentins
*(voir page 84)*

Sablés
au chocolat
*(voir page 88)*

Biscuits au moka
*(voir page 87)*

# Tartes

Dessert familial par excellence, la tarte fait la fierté de la maîtresse de maison. Avec du chocolat, le succès est assuré, d'autant plus que les tartes, préparées à l'avance, sont faciles à servir. Certaines, comme la tarte aux poires et au chocolat, sont de grands classiques.

« *Le chocolat est un extraordinaire reconstituant [...] Tout homme qui s'administre un bon demi-litre de chocolat ambré [...] verra merveilles.* »

A. Brillat-Savarin,
*Physiologie du goût* (1825)

*Ci-dessus et page ci-contre :*
tarte chocolatée à la banane
et au caramel *(voir page 99)*

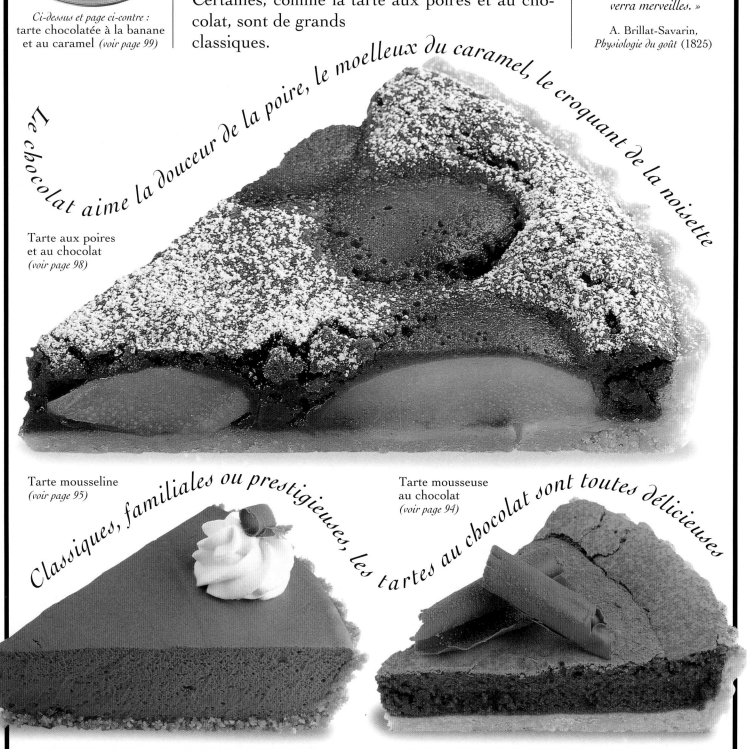

*Le chocolat aime la douceur de la poire, le moelleux du caramel, le croquant de la noisette*

Tarte aux poires
et au chocolat
*(voir page 98)*

Tarte mousseline
*(voir page 95)*

Tarte mousseuse
au chocolat
*(voir page 94)*

*Classiques, familiales ou prestigieuses, les tartes au chocolat sont toutes délicieuses*

# Desserts fraîcheur

*Ci-dessus et page ci-contre :*
mousse au chocolat blanc
et au citron vert
*(voir page 108)*

Les glaces, les mousses et les bavarois peuvent être préparés assez longtemps à l'avance, ce qui en fait des desserts bien adaptés aux buffets et aux grands repas de fête. Une charlotte nappée d'une sauce onctueuse obtient toujours beaucoup d'effet, mais une simple mousse au chocolat blanc et au citron vert satisfera les plus exigeants.

*« Ah, le délicieux chocolat ! Quand il fond dans la bouche, c'est le plus doux de tous les baumes. »*

S. Blancardi,
médecin hollandais, 1705

Mousse « noir et blanc » aux noisettes
*(voir page 115)*

Bavarois meringué
au chocolat
*(voir page 110)*

Délice marbré
*(voir page 106)*

*Chocolat froid, blanc ou noir, en marquise, bavarois et mousse aérienne ; chocolat glacé, en coupe, crème et élégant soufflé*

Crème glacée
au chocolat blanc
*(voir page 120)*

# Confiseries

*Ci-dessus :* coupe de truffes
et de confiseries

Le fudge, qui a donné le goût des confiseries à bien des enfants, n'est pas la seule douceur que l'on puisse préparer à la maison. Les fondants à la menthe, le panforte italien ou les bouchées aux noisettes sont à la portée de tout un chacun. Et, surtout, il y a les truffes, tellement bonnes et pourtant si faciles à faire...

*« Je me souviens très bien de mes bonbons préférés, fourrés de chocolat noir. Si j'en retrouvais un aujourd'hui, il aurait le même goût, celui de ma jeunesse. »*
Graham Greene

Truffe enrobée
de chocolat blanc
*(voir page 124)*

Truffe aux pruneaux
et à l'armagnac
*(voir page 122)*

Truffe enrobée
de chocolat râpé
*(voir page 124)*

Truffe en chocolat blanc
*(voir page 125)*

Truffe enrobée
de cacao en poudre
*(voir page 124)*

*Parfumées d'alcool, fourrées de fruits ou de noisettes, les truffes sont irrésistibles*

Truffe en chocolat
poudrée de cacao
*(voir page 124)*

Truffe en chocolat blanc
enrobée de noisette
*(voir page 125)*

Truffe en chocolat
*(voir page 124)*

Truffe décorée
de chocolat blanc
*(voir page 124)*

# Sauces et garnitures

*Ci-dessus et page ci-contre :*
sauce au chocolat amer
*(voir page 135)*

Les sauces et garnitures ne doivent pas être négligées : très décoratives, elles donnent aux desserts une touche professionnelle tout en rehaussant leur goût. Une sauce au fudge chaud transforme une simple glace en délices pour l'œil et le palais, tandis qu'un coulis de framboise sur un dessert au chocolat constitue un agréable contraste.

*« Suis allé au café, pour boire du jocolatte, très bon. »*

Samuel Pepys,
*Journal* (1664)

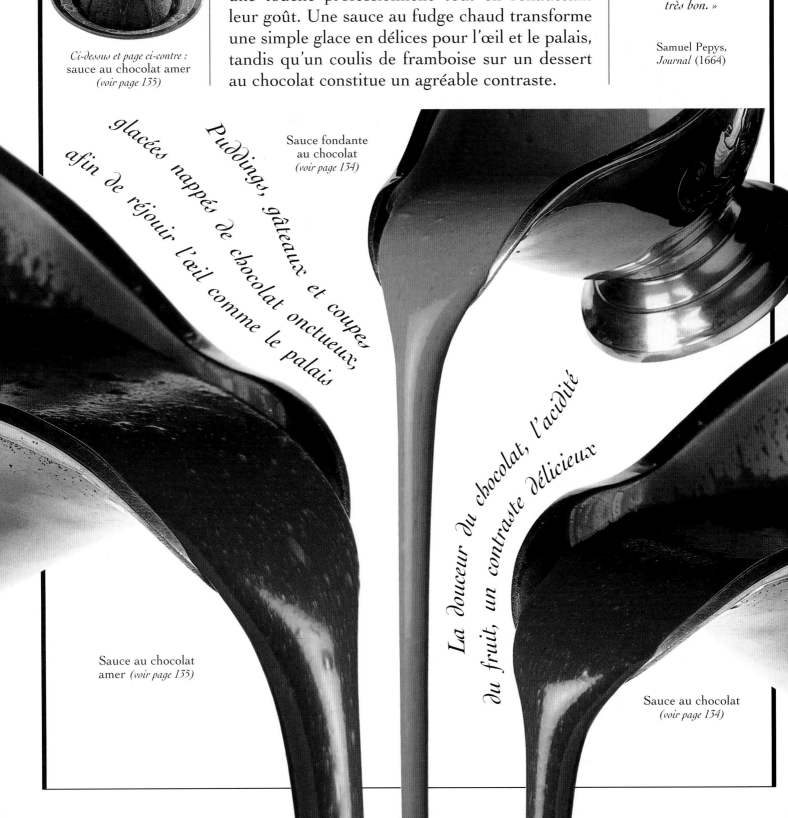

Sauce fondante
au chocolat
*(voir page 134)*

*Puddings, gâteaux et coupes glacées nappés de chocolat onctueux, afin de réjouir l'œil comme le palais*

*La douceur du chocolat, l'acidité du fruit, un contraste délicieux*

Sauce au chocolat
amer *(voir page 135)*

Sauce au chocolat
*(voir page 134)*

# Bases de la cuisine au chocolat

Produit unique, le chocolat
a des propriétés particulières qu'il est
indispensable de connaître pour bien
le préparer. Vous trouverez dans
ce chapitre la description des différentes
sortes de chocolat, des conseils
pour l'achat et la conservation,
ainsi que les diverses utilisations.
Râper le chocolat, le faire fondre
correctement, le travailler pour
la décoration et le glaçage… toutes
ces techniques de base sont décrites étape
par étape et largement illustrées. Elles sont
complétées par la liste du matériel de cuisine
nécessaire à la préparation du chocolat.

Chocolat fondu
*(voir page 33)*

# Fabrication du chocolat

Comme le café, le chocolat est préparé à partir d'une fève, celle du cacaoyer. A l'instar de beaucoup de plantes tropicales, cet arbuste porte simultanément des milliers de fleurs blanc et rose, des boutons, des fruits verts et d'autres mûrs, les cabosses. A l'intérieur de ces dernières, noyées dans la pulpe, se trouvent les petites fèves sombres qui vont donner, au terme d'un processus long et compliqué, ce produit magique qu'est le chocolat.

### LE CACAOYER

A l'exception d'une partie de l'Afrique, le cacaoyer pousse dans tous les pays subtropicaux. L'arbre commence à porter des cabosses au bout de quatre ou cinq ans et vit plus de soixante ans. Les cabosses poussent à même le tronc et sur les plus grosses branches ; lorsqu'elles sont mûres, elles prennent une belle couleur dorée et atteignent la taille d'un petit ballon de rugby. A l'intérieur, les fèves sont entourées d'une pulpe blanchâtre. Aussitôt après avoir été récoltées, les cabosses sont ouvertes et les fèves mises à fermenter avec la pulpe. Elles deviennent d'un beau rouge sombre et commencent à développer une odeur intense de chocolat ; après leur séchage au soleil, elles sont d'une couleur brune caractéristique et peuvent être expédiées aux manufacturiers. Les experts sont capables de déterminer l'origine des différentes fèves, distinguant, par exemple, les criollos et les trinitarios des forasteros.

### LE TRAITEMENT DES FÈVES

Les fèves séchées sont triées et nettoyées avant d'être torréfiées, en d'autres mots rôties pendant 40 à 50 minutes à 130-140 °C (260-275 °F). Cette étape essentielle a pour but de développer leur arôme et de faciliter la séparation des amandes de leurs coques. La torréfaction est un art, et chaque manufacturier possède sa propre recette, basée sur une longue expérience, pour donner le maximum d'arôme aux fèves. Après refroidissement, celles-ci sont concassées, afin de séparer l'amande de la coque et du germe. Les petites amandes brunes, à l'odeur de chocolat très marquée, sont alors moulues et donnent la pâte de cacao, masse onctueuse et amère, très riche en beurre de cacao – 54 % en moyenne ! Fortement pressée, cette pâte se décompose en beurre de cacao et en une substance solide partiellement dégraissée – elle contient encore au moins 18 % de beurre de cacao. Une fois broyée, puis finement moulue, cette dernière donne la poudre de cacao que nous connaissons.

Fèves de cacao séchées
(ci-dessus)

Cabosse (à gauche)

Beurre de cacao

Pâte
de cacao

Cacao broyé

## LE CONCHAGE

Le chocolat proprement dit est un mélange de pâte de cacao et de sucre, auquel on a ajouté du beurre de cacao pour le chocolat noir, du lait pour le chocolat au lait, et de la vanille. Le conchage est destiné à rendre le chocolat onctueux : le mélange de pâte de cacao et de sucre est malaxé dans de grands pétrins pendant des heures, voire des jours. On y adjoint du beurre de cacao et un émulsifiant, la lécithine, afin de parfaire sa consistance.

## SUCRÉ OU AMER ?

Les différentes qualités de chocolat noir – du plus amer au plus sucré – dépendent des proportions respectives de la pâte de cacao et du beurre de cacao, de la teneur en sucre, vanille et lécithine. Ces dosages varient selon les fabricants ; ainsi, le chocolat « extra-noir » d'une marque donnée pourra se révéler plus sucré que le simple chocolat noir d'une autre marque. Il faut en tenir compte quand on utilise un chocolat auquel on n'est pas habitué pour la préparation d'un dessert ou d'une pâtisserie. Dans le chocolat au lait, une partie de la pâte de cacao est remplacée par du lait en poudre. Les chocolats blancs, enfin, ne contiennent pas de pâte de cacao : ce ne sont donc pas, à proprement parler, des chocolats ; ceux qui ne contiennent que du beurre de cacao, sans autre matière grasse, sont les meilleurs.

### ACHAT ET CONSERVATION

◆ Lisez soigneusement les étiquettes : « arôme chocolat » signifie que le produit n'est pas du véritable chocolat – on le sent au goût et à la consistance.

◆ Vérifiez le pourcentage de cacao indiqué sur les tablettes de chocolat : c'est ce qui détermine leur qualité.

◆ Enveloppez le chocolat dans un film plastique, et conservez-le dans un endroit frais et sec, si possible sans variations de température.

◆ Le chocolat noir et l'extra-noir se conservent environ un an.

◆ Le chocolat au lait et le chocolat blanc ne se conservent pas plus de six mois. Au-delà, le chocolat blanc reste bon, mais il fond mal.

◆ Conservé dans un endroit trop chaud, le chocolat présente des marbrures ; dans un endroit trop froid et humide, il se couvre parfois d'un voile blanchâtre. Ces changement d'aspect n'affectent cependant ni son goût ni sa consistance, et il reste utilisable.

# Types de chocolat

Supermarchés et magasins spécialisés proposent aujourd'hui un large choix d'excellents chocolats pour la cuisson. Leur qualité n'est pas la même selon les variétés de fèves utilisées, les proportions de cacao et de beurre de cacao, la quantité de sucre et les arômes ajoutés. Le plus fort des chocolats noirs (l'extra-noir, aussi appelé mi-amer) contient le plus de cacao, au moins 72 %. Un bon chocolat noir en comporte au moins 45 à 50 %. Dans les produits meilleur marché, le beurre de cacao est remplacé par des huiles végétales ou d'autres matières grasses.

*Le chocolat noir est le plus communément employé en cuisine.*

### LE CACAO EN POUDRE

Il en existe deux sortes : le cacao en poudre, riche en beurre de cacao (plus de 20 %), et le cacao dégraissé (8 % de beurre de cacao). Le premier est plus velouté, mais les deux s'emploient indifféremment. Les poudres instantanées ne sauraient remplacer le cacao.

### GRAINS ET PASTILLES

Ils ne fondent pas en cuisant et ne peuvent remplacer le chocolat à cuire.

### LE CHOCOLAT DE COUVERTURE

Il faut travailler ce type de chocolat avant de l'utiliser, afin de lui donner un aspect lisse et brillant. Riche en beurre de cacao, il fond particulièrement bien et s'étale facilement en couche très fine. Une fois qu'il a été travaillé à bonne température, il présente un brillant parfait après durcissement. Le chocolat de couverture se présente sous forme de tablette ou de bloc, noir, blanc ou au lait.

*Pastilles de chocolat*

*Chocolat de couverture*

**Le chocolat noir**, indifféremment appelé « à croquer », « noir », « extra-noir » ou « mi-amer » ou encore « mi-sucré », est celui qui convient le mieux à la cuisson. Tous – à l'exception du plus amer, que l'on ne trouve que chez certains confiseurs spécialisés – contiennent suffisamment de sucre pour être dégustés tels quels. Les proportions de cacao et de sucre varient selon les marques : pour la cuisine, choisissez un chocolat contenant au moins 45 à 50 % de cacao. L'extra-noir peut en comporter jusqu'à 75 %.

## CHOCOLAT AU LAIT

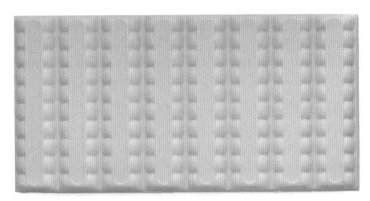

*Le chocolat au lait est surtout utilisé en décoration, pour créer une opposition de couleur avec le chocolat noir.*

Dans le **chocolat au lait**, une partie du cacao est remplacée par du lait (en poudre ou concentré), ce qui le rend moelleux et plus sucré. Les meilleurs chocolats au lait sont ceux qui contiennent beaucoup de cacao et de la véritable vanille.

Le chocolat au lait ne convient pas à la cuisine. Il est plus délicat à chauffer que le chocolat noir, ce qui le rend difficile à travailler. On l'utilise plutôt pour les décors, sa couleur et son goût contrastant fortement avec ceux du chocolat noir.

## CHOCOLAT BLANC

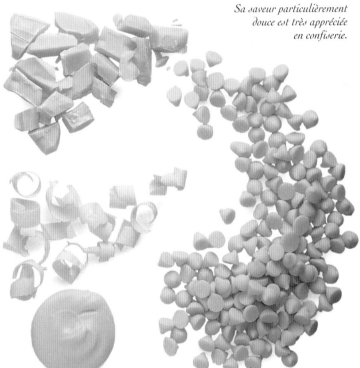

*Sa saveur particulièrement douce est très appréciée en confiserie.*

Le **chocolat blanc** n'est pas un véritable chocolat puisqu'il ne contient pas de cacao. Les meilleurs contiennent autant de beurre de cacao que de lait et de sucre. Évitez surtout les produits à base d'huiles végétales ou d'autres matières grasses.

Le chocolat blanc supporte mal la chaleur : on peut le faire fondre, mais non le cuire. Chauffé trop vite, il risque de devenir granuleux, en raison de la présence de lait concentré. Les pâtissiers, et surtout les confiseurs, apprécient sa saveur sucrée et délicate.

# Techniques de base

Le chocolat n'est pas difficile à travailler, à condition de prendre quelques précautions. Une fois qu'on sait le choisir, il faut apprendre à le couper, le râper, le faire fondre ou le travailler correctement pour être sûr de réussir. Il est indispensable de bien connaître ces règles de base : vous réaliserez ensuite sans peine les desserts les plus simples comme les plus sophistiqués. Le chocolat est sensible à la température ambiante. Pour pouvoir le travailler dans les meilleures conditions, il faut, dans l'idéal, opérer par temps frais et sec. Si votre cuisine est chaude et humide, il sera très difficile à manipuler : évitez donc de cuire d'autres préparations lorsque vous réalisez une recette à base de chocolat.

## COUPER ET RÂPER

Le chocolat à couper ou à râper doit être ferme ; mettez-le quelques instants au réfrigérateur avant de commencer la préparation. Gardez-le le moins longtemps possible dans la main et tenez-le à l'aide d'un morceau de papier pour éviter qu'il ne ramollisse. Travaillez sur une surface propre et parfaitement sèche, car l'humidité modifie sa consistance s'il doit être fondu. Pour râper du chocolat, utilisez un morceau suffisamment grand, qui sera beaucoup plus facile à tenir et à manipuler, saisissez-le fermement et servez-vous d'une râpe à grosse grille.

Pour couper, utilisez un grand couteau à lame effilée. Travaillez avec la partie large du couteau (pas la pointe), en imprimant un mouvement de bascule au couteau. Faites des morceaux réguliers.

Remplissez la tasse du mélangeur de morceaux de chocolat et actionnez l'appareil quelques instants – pas trop longtemps pour que la chaleur générée ne fasse pas fondre le chocolat.

## FAIRE FONDRE LE CHOCOLAT

La manière de faire fondre le chocolat est décrite page 33. Remuez-le régulièrement dès qu'il commence à fondre, pour que la préparation soit bien lisse, puis retirez du feu. La consistance n'est pas toujours la même ; certains chocolats deviennent liquides en fondant, alors que le noir et l'extra-noir gardent leur forme jusqu'à ce qu'on les remue. On risque donc de les surchauffer sans s'en apercevoir, ce qui altère leur saveur. Pour éviter cela, travaillez à faible température (pas plus de 45 °C/113 °F).

### Au four à micro-ondes

Le four doit être bien sec. Coupez le chocolat en morceaux réguliers et mettez-le dans un bol. Le temps de chauffe dépend de la puissance de l'appareil, de la variété et de la quantité de chocolat à faire fondre, mais le four ne doit jamais être réglé au maximum. Le tableau ci-contre indique des temps approximatifs pour un four de 650 W. Pour les modèles dotés d'une plus forte puissance, prévoyez environ 30 secondes de moins. Remuez le chocolat toutes les 30 secondes pour vérifier le résultat.

TEMPS DE CHAUFFE APPROXIMATIFS POUR UN FOUR À MICRO-ONDES DE 650 W

### Chocolat noir

| Quantité | Puissance moyenne |
|---|---|
| 60 g (2 oz) | 2 min |
| 125 g (4 oz) | 2 min 30 |
| 180 g (6 oz) | 3 min |

### Chocolat blanc ou au lait

| Quantité | Puissance moyenne |
|---|---|
| 60 g (2 oz) | 2 min 30 |
| 125 g (4 oz) | 3 min |
| 180 g (6 oz) | 4 min |

## PRÉCAUTIONS À PRENDRE

Le chocolat ne doit pas être en contact direct avec la source de chaleur. Le mieux est de le faire fondre au bain-marie, dans un bol placé au-dessus d'une casserole d'eau chaude, sans que le fond du bol touche l'eau.

*Ce chocolat commence juste à fondre*

**1** Coupez ou cassez le chocolat en morceaux réguliers et mettez-le dans un bol. Les petits morceaux fondront plus vite.

**2** Placez le chocolat au-dessus d'une casserole d'eau très chaude, mais non bouillante. Quand il commence à fondre, remuez de temps en temps, afin de bien répartir la chaleur.

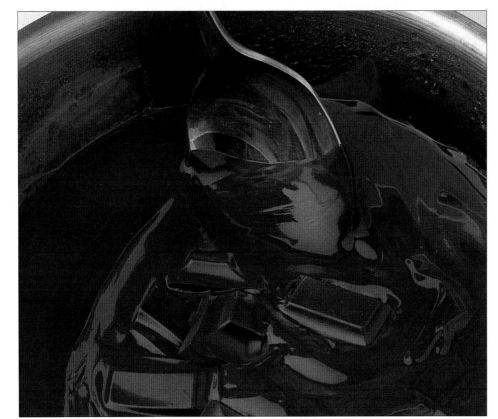

**3** Lorsqu'il est complètement fondu, le chocolat doit être lisse et brillant. S'il a été trop chauffé, il a tendance à se décomposer ou à s'agglomérer. Pour l'homogénéiser à nouveau, ajoutez 1 cuillerée à thé d'huile végétale et mélangez vivement ; recommencez si nécessaire.

## PRÉPARER LE CHOCOLAT POUR LES DÉCORS

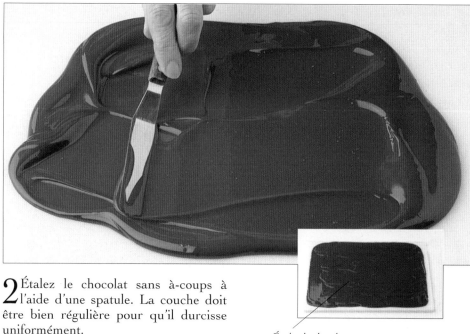

1 Pour faire des rouleaux ou autres découpes, versez le chocolat fondu sur une surface parfaitement lisse comme une planche en acrylique.

2 Étalez le chocolat sans à-coups à l'aide d'une spatule. La couche doit être bien régulière pour qu'il durcisse uniformément.

*Étalez le chocolat sur 1,5 mm (¹/₁₆ po) d'épaisseur environ*

## FAIRE FONDRE LE CHOCOLAT AVEC D'AUTRES INGRÉDIENTS

On peut sans inconvénient faire fondre du chocolat avec du beurre ou de l'huile, ou en ajouter en cours de préparation. S'il s'agit de liquide, veillez à ce qu'il ne s'évapore jamais complètement (il doit toujours en rester au moins une cuillerée à soupe pour 60 g/2 oz de chocolat). Il ne faut incorporer que des ingrédients à la même température que le chocolat. Si l'on ajoute un liquide plus chaud, le chocolat risque de se décomposer ; un liquide plus froid peut le rendre grumeleux.

### MÉLANGER LE CHOCOLAT FONDU À D'AUTRES INGRÉDIENTS

De nombreuses recettes mélangent du chocolat fondu à d'autres ingrédients, ou les font fondre ensemble. Voici quelques règles simples à respecter :

◆ Laissez le chocolat fondu refroidir à température ambiante avant de l'incorporer à une pâte. Trop chaud, il pourrait en faire fondre les matières grasses, et la consistance finale s'en trouverait alors modifiée.

◆ Pour l'incorporer à un mélange fluide, comme du beurre malaxé avec du sucre, travaillez rapidement et dans un endroit chaud, afin que le chocolat reste liquide.

◆ Pour l'incorporer à un mélange plus épais, comme des jaunes d'œufs et du sucre, utilisez une cuillère en bois et battez vivement en tenant fermement le bol.

◆ Au micro-ondes, le chocolat fond plus vite avec du beurre ou un liquide que s'il y est placé seul.

◆ Le chocolat blanc se décompose facilement. Il faut le faire fondre avec beaucoup de précautions.

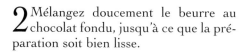

1 Sortez le beurre du réfrigérateur assez longtemps à l'avance pour qu'il soit à la température de la pièce. Retirez le chocolat fondu de la source de chaleur.

2 Mélangez doucement le beurre au chocolat fondu, jusqu'à ce que la préparation soit bien lisse.

# TRAVAILLER LE CHOCOLAT DE COUVERTURE

Cette méthode évite au chocolat de couverture d'avoir un aspect mat et irrégulier après qu'il a été fondu. Dans de nombreuses recettes, il est mélangé à d'autres ingrédients ; mais lorsqu'on l'utilise seul, cette technique le rend lisse et brillant et il le reste pendant une semaine, sans réfrigération. Préparé de cette façon, le chocolat se rétracte légèrement en refroidissant et se démoule mieux.

**1** Faites fondre le chocolat coupé en morceaux (voir page 33), en remuant doucement jusqu'à ce que sa température atteigne 45 °C (113° F) et qu'il soit bien lisse.

**2** Versez les trois quarts du chocolat sur un plan de travail bien froid, comme une planche en acrylique ou un marbre, propre et sec. Étalez-le régulièrement à l'aide d'une grande spatule.

*Étalez régulièrement avec une petite spatule*

**3** Travaillez le chocolat à l'aide d'une corne ou d'une spatule en caoutchouc, en l'étalant d'abord de long en large, puis en le ramassant en boule.

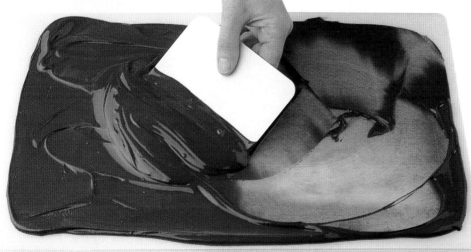

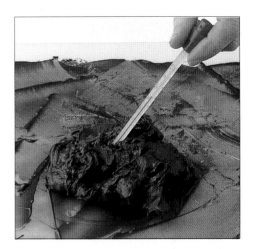

**4** Après quelques minutes, le chocolat a refroidi et épaissi. Vérifiez la température : à 28 °C (82 °F), le chocolat est prêt. En vous aidant de la corne, reversez-le dans le bol et mélangez-le soigneusement au reste de chocolat fondu.

**5** Placez le bol au-dessus d'une casserole d'eau chaude et remuez doucement à la spatule en caoutchouc pour mélanger uniformément.

**6** Remuez constamment, jusqu'à ce que la température soit remontée à 32 °C (90 °F) ; le chocolat doit être lisse et brillant.

**7** Le chocolat ainsi préparé doit être utilisé immédiatement. Maintenez-le à la bonne température au-dessus de l'eau chaude, ou travaillez-le à nouveau.

# Matériel

Quelques instruments sont indispensables pour travailler le chocolat. La plupart d'entre eux se trouvent déjà dans la majorité des cuisines et sont cités ici pour leur usage spécifique en matière de chocolat.

Choisissez toujours du matériel de très bonne qualité : il dure plus longtemps, est plus fiable et donne de meilleurs résultats. Lorsque vous serez familiarisé avec les différentes techniques, vous ajouterez vos propres ustensiles à cette liste.

*Planche en acrylique*

*Économe pour les copeaux*

*Grand couteau de cuisine*

*Râpe en inox*

**Pour couper le chocolat,** utilisez un grand couteau à large lame, parfaitement aiguisé. Une planche en acrylique a de multiples usages : on y étale le chocolat pour faire les décors ou travailler le chocolat de couverture. Le marbre accélère le refroidissement et le durcissement.

**Vous pouvez râper le chocolat** à l'aide d'une grille à gros trous, pour faire de petits copeaux. Un économe donne aussi de bons résultats.

**Pour mélanger les ingrédients chauds,** la cuillère en bois est recommandée mais vous utiliserez une cuillère en métal pour incorporer les blancs d'œufs et la farine. Une spatule en caoutchouc souple permet de racler les parois d'un récipient.

*Cuillère en bois*

*Cuillère métallique*

*Spatule en caoutchouc à long manche*

*Thermomètre à sirop*

**Pour faire fondre du chocolat,** l'idéal est de placer un bol en verre supportant la chaleur au-dessus d'une casserole d'eau chaude. A travers ses parois transparentes, vous pourrez vérifier que l'eau ne bout jamais.

*Thermomètre à chocolat*

**Les thermomètres** doivent être d'abord vérifiés. Le plus petit, à bout rouge, est un thermomètre à chocolat. Le thermomètre à sirop est indispensable pour mesurer précisément la densité du sirop de sucre.

**Les bols en verre à feu** sont recommandés pour le bain-marie ou le micro-ondes.

**Une spatule** achetée à la quincaillerie sert à faire des rouleaux ou des rouleaux striés en chocolat. La lame doit être propre et bien effilée.

*Spatule large*

**Les moules** sont de formes et de dimensions variées. Les plus pratiques sont en plastique.

*Spatule*

*Spatule coudée*

*Cornet en papier*

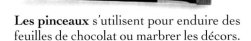

**Les spatules** servent à étaler et lisser garnitures et glaçages. Utilisez une spatule coudée pour travailler le chocolat dans un moule.

*Douille*

*Poche en nylon*

*Corne de confiseur*

*Corne crantée en plastique*

**Un petit cornet muni d'une douille** est indispensable pour les décorations délicates. Pour la crème fouettée et la meringue, on utilise une grande poche à douille.

**Les pinceaux** s'utilisent pour enduire des feuilles de chocolat ou marbrer les décors.

**La fourchette de confiseur** permet de tremper fruits et truffes dans le chocolat.

**Les petites piques en bois** permettent de saisir les chocolats délicats sans les abîmer.

*Utilisez un rouleau pour mettre en forme certains décors*

**Les socles en carton** supportent les étages des pièces montées.

**Les tiges en plastique** soutiennent les socles des gâteaux à étages.

**Les rouleaux** existent en plusieurs tailles. Vous moulerez dessus certains décors, avant que le chocolat durcisse.

**Lorsqu'il a durci,** le chocolat se détache facilement des papiers siliconés.

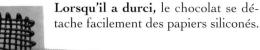

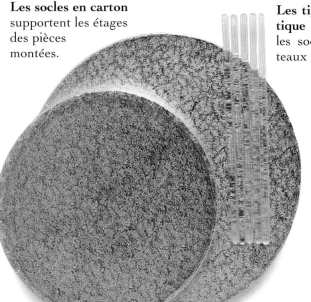

*Papier siliconé*

*Papier ciré*

# Travail du chocolat

## FAIRE FONDRE DU CHOCOLAT

◆ Coupez le chocolat en morceaux réguliers.

◆ Ne le placez pas en contact direct avec la source de chaleur.

◆ Au-dessus d'une casserole d'eau, placez le chocolat dans un bol transparent, afin de surveiller l'eau, qui ne doit jamais bouillir.

◆ Veillez à ce que le fond du bol ne touche pas l'eau.

◆ Faites fondre le chocolat doucement pour qu'il devienne le plus lisse possible.

◆ Ne couvrez pas, afin d'éviter que des gouttes de condensation ne tombent dans le chocolat.

◆ Veillez à ce que l'intérieur du micro-ondes soit bien sec.

◆ Chauffez le chocolat blanc ou au lait avec précaution, car il brûle et se décompose facilement.

◆ Faites fondre le chocolat avec suffisamment de liquide – au moins 1 cuillerée à soupe pour 60 g (2 oz) de chocolat.

◆ Avant de commencer, vérifiez que tous les ingrédients sont à la température de la pièce.

### Que faire si le chocolat devient grumeleux ?

◆ Ajoutez 1 ou 2 cuillerées à thé d'huile végétale et remuez vigoureusement jusqu'à ce qu'il redevienne parfaitement lisse.

### Peut-on récupérer un chocolat qui a trop chauffé ou brûlé ?

◆ Si le chocolat est placé directement sur la source de chaleur ou si l'eau bout trop fort, il brûlera. Il n'y a rien à faire une fois que son goût a été altéré.

### Le chocolat a fondu doucement, et avec assez de liquide, mais il s'agglomère quand même. Que faire ?

◆ Un chocolat devenu granuleux et dur en fondant peut parfois être récupéré en y ajoutant un liquide. Celui-ci – eau ou autre – doit être à la même température que le chocolat. Ajoutez-le par 1 cuillerée à la fois et fouettez vigoureusement pour l'incorporer parfaitement. Recommencez jusqu'à ce que le mélange soit lisse.

## PRÉPARER LE CHOCOLAT POUR LES DÉCORS

### Est-il indispensable de travailler le chocolat ? Que se passe-t-il si on ne le fait pas ?

◆ Il n'est pas indispensable de travailler le chocolat, que ce soit du chocolat noir ou du chocolat de couverture, si vous cuisinez pour vous. En revanche, faites-le pour donner une touche professionnelle à vos décors en chocolat et vos confiseries, ou pour conserver celles-ci à température ambiante sans qu'elles perdent leur brillant.

◆ Le chocolat de couverture qui n'a pas été travaillé peut devenir terne et irrégulier en durcissant, prenant ainsi un aspect inesthétique.

### Comment utiliser du chocolat de couverture qui n'a pas été travaillé à bonne température ?

◆ Mélangez le chocolat de couverture à une quantité égale de nappage au chocolat tout prêt. Toutefois, il faut savoir que le fini du glaçage ne sera pas tout à fait aussi net.

### Que faire lorsque le chocolat se brise quand on confectionne des rouleaux ?

◆ Le chocolat est sans doute trop dur. Chauffez-le un peu avec un sèche-cheveux réglé sur température tiède et recommencez.

### Que faire si le chocolat fond et colle à la spatule quand on fait des rouleaux ?

◆ Le chocolat est sans doute trop mou. Mettez-le au réfrigérateur pendant 30 secondes à 1 minute et recommencez.

### Que faut-il mettre, ou que faut-il éviter de mettre au réfrigérateur ?

◆ Mettez au réfrigérateur les décors et les confiseries enrobées de chocolat qui viennent d'être faits.

◆ Les gâteaux recouverts de glaçage et conservés à température ambiante seront beaucoup moins bons si on les met ensuite au réfrigérateur. Le froid les durcit et ternit leur glaçage.

## PRÉPARER LES MOULES

Le choix du moule, de sa taille et de sa forme est indispensable à la réussite d'un gâteau. Préparez-le correctement, afin d'éviter au gâteau de coller et faciliter son démoulage. Les moules de forme irrégulière doivent être beurrés deux fois, puis farinés. Les autres peuvent être tapissés de papier siliconé, qui a l'avantage d'être anti-adhésif, ou de papier ciré, qu'il faut beurrer plus largement.

––––––––––– *CONSEILS* –––––––––––
◆ *Les moules doivent toujours être parfaitement propres et secs.*
◆ *Le papier adhère mieux à un moule déjà beurré.*

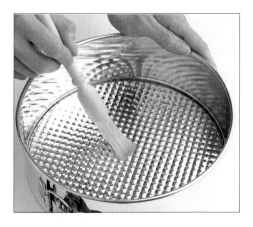

**1** Enduisez le moule de beurre fondu. Coupez une bande de papier un peu plus longue que la circonférence du moule et de 5 cm (2 po) plus large que sa profondeur.

**2** Tracez une ligne sur la longueur de cette bande, à environ 2,5 cm (1 po) du bord. Faites des découpes obliques à intervalles réguliers, en vous arrêtant au niveau de cette ligne.

**3** Tapissez les parois du moule avec la bande de papier, en plaçant la longueur découpée en bas, et en appuyant régulièrement pour qu'elle adhère bien.

**4** Posez le moule sur un autre papier et dessinez un cercle aux dimensions du fond. Découpez bien sur le trait, pour que le disque soit juste de la même taille.

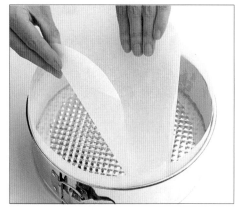

**5** Posez le disque de papier dans le fond du moule, en veillant à ce qu'il adhère bien. Si vous utilisez du papier ciré, beurrez à nouveau.

## GRILLER ET MONDER LES NOISETTES

Les noisettes se marient très bien au chocolat, et de nombreuses recettes les y associent. Quand on les grille, la pellicule qui les recouvre s'enlève beaucoup plus facilement.

**1** Préchauffez le four à 180 °C (350 °F). Étalez les noisettes sur une plaque et faites-les cuire 8 minutes.

**2** Enveloppez les noisettes chaudes dans un torchon et frottez-les doucement pour en enlever la peau.

# Décors
## en
## chocolat

Ce sont les éléments décoratifs
– rouleaux, rubans, coupelles, feuilles
et fleurs, éventails, vagues et autres motifs
– qui personnalisent les gâteaux
et les desserts, les petits fours
et les biscuits.
Vous apprendrez dans ce chapitre
à donner une touche professionnelle
à tous vos décors, des plus simples
aux plus élaborés, tels que les marbrures
ou les dessins à la douille.
La réalisation et l'emploi des garnitures
et des couvertures sont également
clairement expliqués.

Œufs en chocolat marbrés
*(voir page 129)*

# Décors

Les décors en chocolat vous aideront à parfaire l'aspect de vos pâtisseries et friandises tout en faisant la preuve de votre habileté et de votre imagination. Tous les décors utilisés dans les recettes de cet ouvrage, du plus simple au plus sophistiqué, sont décrits ici.

Certains décors nécessitent de la dextérité et de la pratique ; c'est le cas des dessins à la douille ou des vagues marbrées. D'autres, comme les feuilles en chocolat ou les motifs découpés, sont plus accessibles au débutant. Prévoyez toujours suffisamment de temps. Travaillez du chocolat ferme, à température ambiante : trop froid, il serait friable, trop mou, il collerait. Le bon chocolat est cher ; pour vous entraîner sans le gaspiller, remettez-le à fondre au fur et à mesure de vos essais manqués. En revanche, les sujets réussis pourront être gardés plusieurs jours en attendant l'occasion de les utiliser. La plupart se conservent bien dans une boîte hermétique placée au réfrigérateur ; vous pouvez également les congeler, séparés par des feuilles de papier ciré. Enveloppez les plus grands décors (coupelles, vagues, rouleaux…) dans un film plastique avant de les mettre dans des boîtes. Les décors en chocolat blanc ou au lait se conservent 2 semaines au réfrigérateur ; ceux en chocolat noir jusqu'à 4 semaines.

## CHOCOLAT RÂPÉ

*Le chocolat râpé, un décor simple*

**1** Utilisez un grand morceau de chocolat qui soit facile à tenir. Mettez-le quelques instants au réfrigérateur pour le durcir. Si vos mains sont moites, saisissez-le avec un morceau de papier.

**2** Râpez le chocolat, côté gros trous de la grille (photo ci-dessus), au-dessus d'une assiette ou d'une feuille de papier ciré.

Conseil : pour travailler plus vite, vous pouvez utiliser le robot culinaire avec le disque à râper ; coupez le chocolat en morceaux et passez-en quelques-uns à la fois.

## COPEAUX

*Utilisez la lame centrale pour les grands copeaux*

*Étalez les copeaux sur un papier ciré placé au réfrigérateur*

*Les copeaux sont faciles à faire avec un économe*

**1** Prenez une grande plaque de chocolat, assez épaisse, à la température de la pièce. Coupez-la avec les bords de l'économe pour obtenir des copeaux étroits, et avec la lame centrale pour des copeaux larges.

**2** Si les copeaux se brisent, c'est que le chocolat est trop froid : frottez-le un peu avec les doigts pour l'assouplir. S'il devient trop mou, remettez-le quelques instants au réfrigérateur.

Conseil : l'épaisseur des copeaux dépend de la pression que vous exercez sur l'instrument. Si vous appuyez fort, ils seront plus épais.

# ROULEAUX

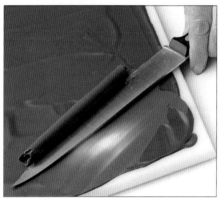

*Utilisez un couteau à grande lame*

1 Étalez le chocolat sur une planche en acrylique (voir page 34). Laissez durcir. Préparez un grand couteau.

2 En partant à environ 5 cm (2 po) de l'angle gauche de la planche, du côté opposé à vous, ramenez le couteau vers vous en exerçant une légère pression et prélevez une fine épaisseur de chocolat qui va s'enrouler sur elle-même.

3 Soulevez le rouleau avec la lame du couteau et posez-le sur une plaque.

Conseil : pour des rouleaux marbrés, alternez sur la planche des bandes de chocolat de différentes couleurs.

# ROULEAUX STRIÉS

*Éventail en chocolat*

*Utilisez une spatule*

1 Étalez le chocolat en fine couche sur une surface bien plane (voir page 34). Laissez-le à température ambiante et attendez qu'il durcisse parfaitement.

2 En commençant à 2,5 cm (1 po) du bord le plus proche de vous, poussez la spatule en l'inclinant de 25° et en exerçant une légère pression : vous formez ainsi de larges bandes qui s'enroulent spontanément, comme ci-dessus. Déposez les rouleaux sur une plaque.

3 Pour réaliser des éventails, poussez d'abord la spatule vers l'avant, puis placez-la légèrement en biais et ramenez-la vers vous.

# FEUILLES

*Des feuilles véritables servent de base à cette décoration*

1 Choisissez des feuilles aux nervures très apparentes, comme celles des roses. Les feuilles d'artichaut conviennent très bien pour réaliser de grandes roses. Lavez-les et séchez-les parfaitement.

2 En tenant les feuilles par la tige, enduisez-les régulièrement au pinceau d'une fine couche de chocolat fondu, comme ci-dessus.

3 Rangez les feuilles au fur et à mesure sur une plaque recouverte de papier siliconé, côté enduit vers le haut, et laissez durcir au réfrigérateur. Détachez ensuite délicatement la feuille véritable de la feuille en chocolat.

# RUBANS

*Les rubans du gâteau de mariage sont striés de fins décors en chocolat blanc (voir pages 66-67)*

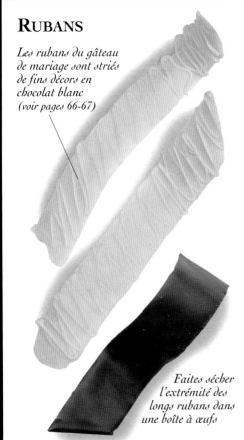

*Faites sécher l'extrémité des longs rubans dans une boîte à œufs*

*Les rubans prendront la forme du rouleau*

**1** Coupez des bandes de papier siliconé aux dimensions souhaitées.

**2** Faites fondre environ 125 g (4 oz) de chocolat pour une douzaine de rubans de 1,5 cm (³/₄ po) de large et 15 cm (6 po) de long.

**3** Tenez les bandes de papier par une extrémité et trempez l'une des faces dans le chocolat fondu.

**4** Posez les bandes sur un rouleau à pâtisserie, laissez durcir et enlevez le papier. Pour façonner de longs rubans, faites-les durcir dans les alvéoles d'une boîte à œufs.

# VAGUES

*Mettez en forme avec des baguettes*

**1** Coupez des morceaux de plastique à bulles ou de papier siliconé aux dimensions souhaitées.

**2** Faites fondre 60 g (2 oz) de chocolat pour une vague de 23 × 30 cm (9 × 12 po). Alignez trois baguettes sur le plan de travail et fixez-les avec du ruban adhésif.

**3** Étalez le chocolat sur la feuille et posez celle-ci sur les baguettes, en créant des ondulations. Maintenez-la avec du ruban adhésif.

**4** Laissez durcir et décollez délicatement le chocolat au dernier moment.

# COUPELLES

*Étalez bien le chocolat à l'aide d'une petite spatule coudée*

*Les coupelles ont des formes élégantes*

**1** Découpez quatre carrés de 12 cm (5 po) de côté dans du plastique à bulles ou du papier siliconé.

**2** Faites fondre environ 125 g (4 oz) de chocolat pour quatre coupelles. Étalez le chocolat sur les carrés de plastique ou de papier, en laissant une bande libre tout autour.

**3** Saisissez les carrés par les angles et posez-les délicatement dans différents bols ou coupelles.

**4** Placez au réfrigérateur et laissez durcir. Retirez avec précaution le plastique ou le papier.

# DÉCOUPES

*Décollez délicatement le papier du chocolat*

*On découpe aisément le chocolat au couteau*

**1** Faites fondre du chocolat noir. Découpez deux feuilles de papier siliconé, assez grandes pour recouvrir votre planche.

**2** Posez l'une des feuilles sur la planche ; étalez-y une couche de chocolat de 1,5 mm (¹/₁₆ po) d'épaisseur.

**3** Laissez refroidir à température ambiante. Quand le chocolat est dur, retournez la feuille recouverte de chocolat sur la seconde.

**4** Enlevez délicatement le papier, puis coupez dans le chocolat les formes désirées.

# BOÎTES

*Il vous faut 2 carrés de 10 cm (4 po) de côté et 4 rectangles d'environ 10 x 2,5 cm (4 x 1 po) (prévoyez les entournures)*

*Les pièces sont collées avec du chocolat fondu*

**1** Pour cette boîte en chocolat marbré, dans laquelle sont présentées les truffes de la page 123, il vous faut 150 g (5 oz) de chocolat noir et 60 g (2 oz) de chocolat blanc.

**2** Faites fondre le chocolat noir et étalez-le sur un papier siliconé, en un rectangle de 18 x 23 cm (7 x 9 po). Marbrez-le de chocolat blanc, comme indiqué page 47.

**3** Égalisez les bords et coupez dans le chocolat six rectangles aux dimensions indiquées ci-dessus. Refaites fondre les chutes et servez-vous-en pour coller les pièces ensemble.

# MOTIFS

*On peut créer des ondulations à la fourchette*

*Certains décors sont réalisés à la douille (voir page 46)*

*Avec une fourchette, le motif est vite réalisé*

**1** Utilisez un peigne de confiseur ou une fourchette pour dessiner des motifs sur des biscuits tels que les florentins (voir page 84).

**2** Faites fondre du chocolat noir, blanc ou au lait, ou encore du chocolat de couverture préalablement tempéré.

**3** Saisissez les biscuits entre le pouce et l'index, et trempez délicatement l'un des côtés dans le chocolat fondu.

**4** Posez les biscuits sur une grille, côté chocolaté vers le haut. Lorsque le chocolat commence à prendre, dessinez des vagues avec la fourchette.

## CORNET EN PAPIER

Le chocolat fondu et certains glaçages assez fluides sont plus faciles à utiliser dans un cornet en papier fait maison ; percez un tout petit trou, afin de mieux contrôler l'écoulement du chocolat.

**1** Déroulez une feuille de papier ciré. Pliez-la en biais, en posant le petit côté sur le plus grand. Découpez le long de la pliure pour obtenir un triangle.

**2** Pliez le triangle en deux et posez-le sur votre plan de travail, le grand côté étant perpendiculaire à vous. Repliez l'un des coins sur le sommet.

**3** Repliez le triangle ainsi obtenu deux fois sur lui-même. Ouvrez le cône. Rabattez la pointe qui dépasse vers l'intérieur.

**4** Remplissez le cornet de glaçage ou de chocolat à l'aide d'une cuillère. Pour obtenir de meilleurs résultats, ne le remplissez qu'à moitié.

**5** Fermez l'ouverture. Rabattez les deux angles puis repliez le petit côté du cône sur lui-même. Percez le bout quand le cornet est prêt.

## DESSIN À LA DOUILLE

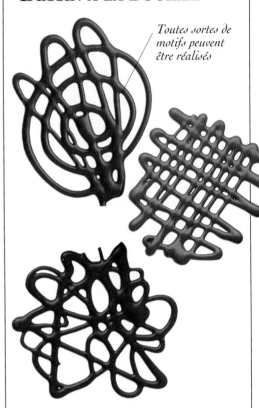

*Toutes sortes de motifs peuvent être réalisés*

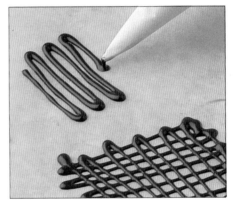

*Dessinez les motifs sur un papier siliconé*

**1** Dessinez une série de motifs simples sur une feuille de papier siliconé. Retournez la feuille sur une plaque à pâtisserie.

**2** Remplissez à moitié un cornet en papier avec du chocolat fondu partiellement refroidi. Fermez l'ouverture et percez la pointe du cornet.

**3** Faites couler le chocolat sur le papier siliconé, en suivant les motifs.

**4** Laissez durcir le chocolat, puis décollez doucement les décors du papier ou détachez-les à l'aide d'une spatule.

# ZIGZAGS

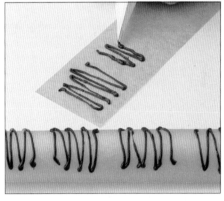

*Incurvez les motifs en les posant sur un rouleau*

1 Faites fondre du chocolat noir, laissez-le un peu refroidir pour qu'il nappe juste le dos d'une cuillère et remplissez-en à moitié un cornet en papier. Fermez l'ouverture et percez la pointe.

2 Dessinez des zigzags de chocolat sur une feuille de papier siliconé.

3 Soulevez la feuille de papier et posez-la sur un rouleau à pâtisserie. Fixez-la avec du ruban adhésif.

4 Laissez durcir le chocolat. Commencez par séparer doucement la feuille du rouleau, puis décollez délicatement les motifs en chocolat.

# PLUMES

*Dessinez les plumes avec une pique en bois*

1 Faites fondre un peu de chocolat blanc et laissez-le tiédir pour qu'il nappe juste le dos d'une cuillère. Remplissez-en à moitié un cornet en papier, fermez-le et percez la pointe.

2 Glacez la surface de chaque biscuit avec du chocolat noir fondu.

3 A l'aide du cornet, dessinez des lignes parallèles de chocolat blanc sur le chocolat noir encore mou.

4 Avec une pique en bois, tracez des lignes perpendiculaires aux lignes blanches, comme pour quadriller la surface.

# MARBRURES

*Cette vague en chocolat noir (voir page 44) est marbrée de chocolat blanc*

*Les marbrures sont réalisées sur du chocolat encore mou*

1 Faites fondre un peu de chocolat blanc et laissez-le refroidir jusqu'à ce qu'il nappe juste le dos d'une cuillère. Remplissez-en à moitié un cornet en papier, fermez-le et percez la pointe.

2 Faites fondre du chocolat noir. Étalez-le sur une feuille de papier siliconé en laissant une marge libre tout autour.

3 Dessinez à la douille une fine ligne de chocolat blanc en zigzag sur le rectangle de chocolat noir encore mou.

4 Pour obtenir l'effet marbré, tracez des courbes en surface à l'aide d'une pique en bois.

## FLEURS

*Les feuilles
de cette rose
sont en pâte
d'amande
(voir page 76)*

*Placez les pétales autour du cône central*

**1** Utilisez de la pâte de chocolat toute prête ou de la pâte d'amande au chocolat (voir page 76). Confectionnez un petit cône de 2,5 cm (1 po) de haut pour le centre de la fleur.

**2** Aplatissez à la main des petits morceaux de pâte de la taille d'un pois, puis façonnez-les en forme de pétale entre vos doigts. Faites-en quelques-uns un peu plus grands.

**3** Placez le premier pétale sur le cône, puis disposez les suivants, de manière que chacun recouvre en partie le précédent. Terminez avec les plus grands pétales.

## REMPLISSAGE D'UNE POCHE

Une poche en nylon est mieux adaptée aux décors de chantilly ou de crème au beurre épaisse. Achetez une douille cannelée moyenne, qui vous permettra de réaliser nombre de décorations.

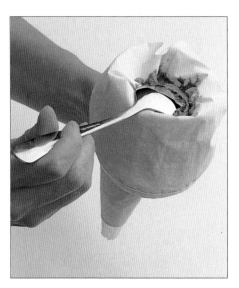

*Pour réaliser des rosettes, tenez la poche verticalement et pressez-la en tournant, afin de créer une spirale*

**1** Placez la douille dans la poche et poussez-la bien dans l'orifice. Tenez fermement la poche par le milieu et retournez les bords.

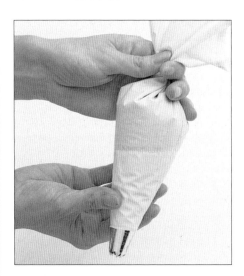

**2** Remplissez la poche à moitié, en chassant les bulles d'air. Dépliez le tissu et tordez la poche jusqu'au niveau de la garniture.

*Décor cordé*          *Décor
en coquilles*

*Pour faire sortir
la préparation,
pressez doucement
de haut en bas*

**3** Pressez tout doucement la poche pour faire descendre la préparation. Tordez-la au fur et à mesure qu'elle se vide.

# Garnitures et glaçages

Recouvert d'un beau glaçage, le gâteau le plus banal deviendra un dessert digne d'un grand repas ou la pièce maîtresse d'un goûter de fête. Son brillant mettra en valeur les décors que vous y ajouterez. Les techniques expliquées ci-après vous permettront de réussir sans difficulté des glaçages vraiment parfaits et de délicieuses garnitures.

## POUR OBTENIR UN BEAU GLACIS

Donnez de l'éclat à vos gâteaux en les couvrant d'un nappage comme celui de la page 136. Versez-le directement sur le gâteau (gâteau céleste aux kumquats, page 68) ou procédez en deux fois pour obtenir un fini parfait : étalez d'abord une première couche de glaçage froid et presque pris, puis mettez le reste à fondre et recouvrez-en complètement le gâteau (gâteau au chocolat et aux noisettes, page 70).

**1** Coupez le chocolat en gros morceaux et faites-le fondre tout doucement avec le beurre et le sirop de maïs, dans un bol placé au bain-marie.

**2** Laissez le chocolat refroidir suffisamment pour pouvoir l'étaler (il doit napper le dos d'une cuillère). Suivez ensuite les indications de la recette.

## GLAÇAGE EN DEUX TEMPS

La première couche de glaçage agglomère les miettes de la surface ; en prenant, elle forme une base idéale pour le glaçage final.

**1** Attendez que la consistance du glaçage permette de l'étaler (il doit napper le dos d'une cuillère). A l'aide d'une spatule, étalez-en le quart sur la surface et les côtés du gâteau.

**2** Laissez prendre le glaçage ; refaites fondre le reste, puis recouvrez-en complètement le gâteau.

*Réchauffez le glaçage pour l'étaler*

*Posez le gâteau sur une grille pour récupérer l'excédent de glaçage. Vous pourrez le faire fondre à nouveau pour le réutiliser*

## GANACHE

Cette crème au chocolat classique sert aussi bien de garniture que de glaçage pour les gâteaux fourrés, les biscuits roulés, les choux et les meringues. Préparée selon la recette figurant à la page 136, elle peut également être servie en sauce, mais il faut alors arrêter de fouetter la crème fraîche et le chocolat dès qu'ils sont mélangés. En revanche, la méthode décrite ici ne permet pas de l'utiliser comme sauce.

1 Faites fondre le chocolat (voir page 33) et laissez-le refroidir. Fouettez légèrement la crème à 35 %, puis mélangez-en une grosse cuillerée à soupe avec le chocolat.

2 Incorporez délicatement le chocolat au reste de crème. La ganache est utilisable immédiatement. Préparez-en suffisamment pour garnir un gâteau fourré.

## GLAÇAGE AU CHOCOLAT

Il existe bien des recettes de glaçage au chocolat, mais la meilleure reste la plus simple. Après avoir mélangé du chocolat et de la crème fraîche en quantités égales, on ajoute du beurre pour rendre le glaçage plus lisse, comme dans la recette du fondant au chocolat et aux pacanes de la page 56, ou du lait pour l'alléger, comme dans le gâteau roulé aux amandes et aux framboises, page 63. Prévoyez 350 g (12 1/2 oz) de chocolat pour 350 ml (1 1/2 tasse) de crème fraîche à 35 % et 3 cuillerées à soupe de beurre.

1 Coupez le chocolat en morceaux réguliers et mettez-le dans un bol. Portez la crème à ébullition et versez-la sur le chocolat. Mélangez doucement.

2 Fractionnez le beurre en petits morceaux et incorporez-le au chocolat. Fouettez le mélange jusqu'à ce qu'il ait suffisamment épaissi pour être étalé.

## DÉCOUPAGE EN DISQUES

Posez le gâteau sur une surface bien plane et maintenez-le en posant une main dessus, sans appuyer. Coupez-le longitudinalement, en glissant un long couteau de l'extérieur vers le centre. Si vous devez faire plusieurs disques, commencez par celui du dessus. Séparez-les ensuite en glissant de fins cartons entre chacune des tranches.

# GARNITURE ET GLAÇAGE D'UN GÂTEAU

**1** Étalez d'abord une couche de garniture sur le disque inférieur, en laissant tout autour une marge de 5 mm (¹/₄ po) environ. Posez le second disque dessus et appuyez légèrement.

**2** A l'aide d'une palette, étalez le glaçage en couche uniforme à la surface du gâteau, en allant bien jusqu'au bord pour qu'il coule régulièrement sur le pourtour.

**3** Utilisez suffisamment de glaçage et étalez-le doucement, sans appuyer et de manière méthodique, pour ne pas racler de miettes et obtenir ainsi une surface bien lisse.

## DÉCORATION DU POURTOUR

Lorsque le glaçage est bien pris, vous pouvez décorer le pourtour du gâteau avec du chocolat râpé, des noisettes hachées ou du praliné. Posez le gâteau sur la paume d'une main, au-dessus d'un plat ; à l'aide d'une grande palette, couvrez le pourtour du gâteau du décor choisi, en pressant un peu pour le faire adhérer.

## PRALINÉ AUX AMANDES

**1** Préparez 100 g (¹/₃ tasse) de sucre granulé et 100 g (1 tasse) d'amandes décortiquées non mondées.

**2** Huilez légèrement une plaque à pâtisserie ou un marbre. Mettez les amandes et le sucre dans une petite casserole à fond épais et faites chauffer doucement.

**3** Laissez cuire en remuant régulièrement, jusqu'à ce que le sucre caramélise et devienne brun clair. Les amandes doivent crépiter, comme lorsqu'on les fait griller.

**4** Versez aussitôt le mélange sur la plaque huilée, étalez-le uniformément et laissez-le refroidir.

**5** Quand il est bien froid, cassez le praliné en morceaux, puis broyez au mélangeur à la grosseur désirée.

**6** Le praliné se conserve plusieurs semaines dans une boîte hermétique à température ambiante.

## DÉCORATIONS À LA SPATULE

Vous pouvez dessiner un décor sur un gâteau recouvert de glaçage à l'aide d'une corne crantée. Tenez celle-ci verticalement et passez-la bien régulièrement sur le pourtour du gâteau, en exerçant une légère pression. Cette technique de décoration ne convient pas aux glaçages brillants.

# Recettes

Plus d'une centaine de recettes témoignent ici
des qualités exceptionnelles du chocolat
en cuisine. Vous y trouverez un très large choix,
depuis les biscuits jusqu'aux chocolats faits
maison, depuis les pâtisseries familiales
jusqu'aux desserts spectaculaires. Les gâteaux
des grandes occasions y côtoient les
préparations traditionnelles des fêtes de Pâques,
de Noël ou de la Saint-Valentin.
Et les créations des pâtissiers contemporains
figurent aux côtés des recettes classiques.

Royal
*(voir pages 58-59)*

# Gâteaux fourrés

Ces gâteaux généreusement garnis sont aussi beaux que savoureux. Il peut s'agir d'un biscuit léger, comme le royal, ou de véritables desserts, tel le gâteau double chocolat aux pacanes. Les gâteaux fourrés prennent également la forme de roulés ou de marbrés, dans lesquels vanille et chocolat mêlent intimement leurs couleurs et leurs saveurs. Point d'orgue de cette catégorie, les trois étages de la pièce montée de mariage allient chocolats blanc et noir et fruits rouges : un dessert vraiment prestigieux pour un jour inoubliable.

## Gâteau fourré au chocolat

*Ce gâteau, facile et rapide à réaliser, est savoureux. Sa pâte ressemble à celle des brownies, en un peu plus ferme. Vous la couperez en disques très fins, que vous garnirez de crème fouettée avant de reformer le gâteau.*

### INGRÉDIENTS

**Pour le gâteau**

*125 g (¹/₂ tasse) de beurre*

*¹/₂ tasse de cacao en poudre tamisé*

*2 œufs*

*1 tasse de sucre superfin*

*1 cuillerée à thé d'extrait de vanille*

*¹/₂ tasse de farine autolevante*

*¹/₂ tasse de farine tout usage tamisée*

**Pour la garniture et le décor**

*2 cuillerées à soupe de lait*

*2 tasses de crème à 35 %*

*2 cuillerées à soupe de sucre superfin*

*¹/₂ cuillerée à thé d'extrait de vanille*

*copeaux de chocolat (voir page 43)*

**1** Faites fondre doucement le beurre, puis incorporez le cacao. Battez les œufs avec le sucre et la vanille jusqu'à ce qu'ils soient mousseux, puis mélangez à la pâte au cacao. Préchauffez le four.

**2** Tamisez les farines ensemble à deux reprises, puis incorporez-les délicatement, un tiers à la fois, au mélange précédent. Versez la pâte dans le moule et faites cuire 40 à 45 minutes.

**3** Glissez une lame fine le long des parois du moule, attendez 10 minutes, puis retournez le gâteau sur une grille et laissez-le refroidir complètement. Enveloppez-le dans du papier aluminium et placez-le au réfrigérateur jusqu'au lendemain pour le raffermir et faciliter la découpe.

**4** Sortez le gâteau et laissez-le revenir à température ambiante. A l'aide d'un long couteau-scie, coupez-le en quatre disques (voir page 50). Ceux-ci étant très fins, manipulez-les avec deux grandes spatules étroites pour ne pas les briser.

**5** Préparez la garniture : mélangez le lait et la crème, et fouettez en chantilly. Ajoutez l'extrait de vanille et le sucre.

**6** Posez le disque du dessus sur le plat de service, côté coupé vers le haut, et recouvrez-le de crème. Répétez l'opération avec les deux disques intermédiaires, puis placez le dernier disque dessus, côté coupé vers le bas. Recouvrez complètement la surface et le pourtour du gâteau avec le reste de crème et décorez avec les copeaux de chocolat.

### VARIANTE
#### Gâteau fourré au chocolat et au praliné

Préparez une portion de praliné (voir page 51). Mélangez-en 8 cuillerées à soupe aux deux tiers de la crème fouettée. Recouvrez le premier et le troisième disque du gâteau de la préparation, et étalez la crème nature sur celui du milieu. Nappez généreusement la surface et le pourtour du gâteau de crème au praliné. Collez le reste du praliné sur les côtés et décorez avec les copeaux de chocolat.

**Température du four**
180 °C (350 °F)

**Cuisson**
40 à 45 minutes

**Ustensile**
Moule rond de 20 cm (8 po), beurré et tapissé d'un papier ciré

**Portions**
8 à 10

**Conservation**
Sans garniture : 4 à 5 jours ; garni : 3 jours, enveloppé, au réfrigérateur

**GÂTEAU FOURRÉ AU CHOCOLAT ET AU PRALINÉ**
*Le praliné habille avec élégance ce savoureux gâteau fourré.*

# Gâteau double chocolat aux pacanes

*Ce gâteau extrêmement riche et fondant s'associe à merveille à une crème anglaise ou à une simple chantilly. C'est servi à température ambiante qu'on appréciera le mieux son moelleux et que le chocolat développera toute sa saveur.*

*De superbes rubans de chocolat saupoudrés de cacao décorent la surface du gâteau*

## INGRÉDIENTS

### Pour le gâteau

| |
|---|
| 140 g (4¹/₂ oz) de chocolat noir |
| 75 g (2¹/₂ oz) de chocolat extra-noir |
| 6 cuillerées à soupe de beurre |
| 5 œufs |
| ³/₄ tasse de sucre superfin |
| 1 cuillerée à thé d'extrait de vanille |
| ³/₄ tasse de farine tout usage |
| ¹/₂ cuillerée à thé de sel |
| ³/₄ cuillerée à thé de levure chimique |
| 3 cuillerées à soupe de crème sure ou de lait de babeurre |

### Pour le glaçage et le décor

| |
|---|
| 150 g (1¹/₂ tasse) de pacanes |
| 180 g (6 oz) de chocolat extra-noir |
| 180 g (6 oz) de chocolat noir |
| 1¹/₂ tasse de crème à 35 % |
| 3 cuillerées à soupe de beurre doux |
| rubans de chocolat noir, blanc et au lait (voir page 44) |
| cacao en poudre |

**1** Faites fondre doucement les chocolats avec le beurre (voir page 34).

**2** Fouettez les œufs avec le sucre et la vanille dans un bol maintenu au bain-marie, jusqu'à ce qu'ils épaississent et doublent de volume. Mélangez délicatement avec la préparation au chocolat. Préchauffez le four.

**3** Tamisez ensemble la farine, le sel et la levure, puis incorporez-les, un tiers à la fois, au mélange précédent. Ajoutez la crème sure ou le lait de babeurre.

**4** Versez dans le moule et faites cuire au four 55 minutes, jusqu'à ce qu'un cure-dent inséré dans le gâteau en ressorte sec. Laissez-le reposer 10 minutes, puis retournez-le sur une grille.

**5** Faites griller légèrement les pacanes au four pendant une dizaine de minutes. Hachez-les grossièrement.

**6** Cassez les chocolats du glaçage dans un grand bol et versez la crème bouillante dessus. Mélangez en remuant doucement, puis ajoutez le beurre. Réservez 1 tasse de cette préparation et incorporez les pacanes au reste. Laissez tiédir en fouettant, jusqu'à ce que le mélange soit assez épais pour être étalé.

**7** Coupez le gâteau en trois dans le sens de l'épaisseur (voir page 50). Étalez la moitié de la crème aux pacanes sur chacun des deux premiers disques, posez-les l'un sur l'autre et placez le troisième par-dessus. Recouvrez la surface et les côtés du gâteau de glaçage au chocolat (voir page 51). Décorez avec les rubans de chocolat et saupoudrez de cacao.

**Température du four**
160 °C (325 °F)

**Cuisson**
55 minutes

**Ustensile**
Moule rond de 23 cm (9 po), beurré, tapissé de papier ciré et fariné

**Portions**
16

**Conservation**
3 à 4 jours au réfrigérateur

**Congélation**
1 à 2 mois sans garniture ni décor

# *Forêt-noire*

*Entre des couches bien moelleuses de génoise au chocolat, une savoureuse association de crème Chantilly, de cerises et de kirsch. Quelques cerises fraîches, avec leurs feuilles, posées sur le gâteau composeront un très joli décor.*

## INGRÉDIENTS

### Pour le gâteau

*8 œufs*

*³/₄ tasse de sucre superfin*

*1 cuillerée à thé d'extrait de vanille*

*200 g (7 oz) de chocolat extra-noir*

*¹/₂ tasse d'eau*

*1¹/₄ tasse de farine tout usage tamisée*

### Pour la garniture et le décor

*1 kg (2 lb) de cerises fraîches lavées et dénoyautées, de préférence des griottes ou des cerises acides*

*¹/₃ tasse de sucre granulé*

*4 cuillerées à soupe de jus de citron*

*4 cuillerées à soupe d'eau*

*²/₃ tasse de kirsch*

*1,25 l (5 tasses) de crème à 35 %*

*2 cuillerées à soupe de sucre superfin*

*rouleaux de chocolat noir (voir page 43)*

*quelques cerises entières avec leurs feuilles*

**1** Cassez les œufs dans un bol, de préférence en cuivre, et incorporez progressivement le sucre en fouettant avec un batteur électrique. Mettez la préparation au bain-marie et fouettez encore pendant 6 à 8 minutes, jusqu'à ce que le mélange double de volume et fasse le ruban. Ajoutez l'extrait de vanille.

**2** Faites fondre le chocolat avec l'eau (voir page 34), puis laissez-le refroidir un peu. Tamisez la farine tiers par tiers sur la préparation aux œufs, en l'incorporant délicatement au fur et à mesure avec une grande cuillère métallique. Ajoutez le chocolat fondu encore chaud, mais non bouillant. Préchauffez le four.

**3** Répartissez également la pâte dans les deux moules et faites cuire de 30 à 35 minutes au four, jusqu'à ce qu'un

cure-dent inséré au cœur des gâteaux en ressorte sec. A la sortie du four, laissez reposer dans les moules, puis retournez les gâteaux sur une grille après les avoir décollés des parois.

**4** Mettez les cerises dans une casserole avec le sucre granulé, le jus de citron et l'eau. Faites-les cuire 5 minutes environ à feu très doux (un peu plus pour des cerises acides), puis égouttez-les et conservez le jus. Mélangez ¹/₄ tasse de ce jus et ¹/₃ tasse de kirsch. Réservez ce sirop.

**5** Fouettez la crème en chantilly. Ajoutez enfin le sucre superfin et le reste de kirsch.

## FINITION

**1** Coupez chaque gâteau en deux disques dans le sens de l'épaisseur (voir page 50). Posez l'un des quatre disques sur le plat de service, imbibez-le avec 3 cuillerées à soupe de sirop au kirsch, puis étalez le sixième de la chantilly en couche régulière. Répartissez la moitié des cerises sur la crème, en appuyant légèrement, puis posez le deuxième disque et renouvelez l'opération.

**2** Placez un troisième disque sur le gâteau, imbibez-le avec le reste de sirop au kirsch, étalez une couche de chantilly, puis posez le dernier disque. Recouvrez la surface et les côtés avec le reste de crème.

**3** Décorez en pressant légèrement les rouleaux à la surface et sur le pourtour du gâteau. Disposez les cerises fraîches.

**4** Mettez le gâteau 2 à 3 heures au réfrigérateur avant de le servir. Coupez-le en tranches fines à l'aide d'un couteau trempé quelques instants dans de l'eau très chaude, puis essuyé.

 **Température du four**
180 °C (350 °F)

 **Cuisson**
30 à 35 minutes

 **Ustensiles**
2 moules ronds de 23 cm (9 po), beurrés, tapissés de papier ciré, puis à nouveau beurrés et farinés

 **Portions**
12 à 16

 **Conservation**
5 jours au réfrigérateur, sans garniture ni décor ; 3 jours au réfrigérateur une fois le gâteau terminé

 **Congélation**
2 mois, sans garniture ni décor

*Des cerises fraîches viennent parfaire la décoration*

# Royal

Ce gâteau est somptueux. Une génoise légère fourrée de crème Chantilly est recouverte d'un glaçage au chocolat léger et original, qui s'apparente plus à une mousse qu'à un nappage traditionnel. Pour conférer à ce superbe gâteau toute sa noblesse, on peut aussi agrémenter de copeaux d'or le décor en chocolat.

## INGRÉDIENTS

### Pour le gâteau

$^2/_3$ tasse de farine tout usage

$^1/_3$ tasse de cacao en poudre

$^1/_2$ cuillerée à thé de levure chimique

$^1/_8$ cuillerée à thé de sel

4 œufs

$^2/_3$ tasse de sucre superfin

1 cuillerée à thé d'extrait de vanille

3 cuillerées à soupe de beurre

### Pour le glaçage

150 g (5 oz) de chocolat noir

3 œufs, jaunes et blancs séparés

6 cuillerées à soupe de beurre doux à température ambiante

$1^1/_2$ cuillerée à thé d'extrait de vanille

1 pincée de sel

$^2/_3$ tasse de crème à 35 %

1 cuillerée à soupe de sucre superfin

### Pour la garniture et le décor

vagues de chocolat noir (voir page 44)

feuille d'or (facultatif)

**1** Tamisez ensemble la farine, le cacao, la levure et le sel à trois reprises. Réservez.

**2** Cassez les œufs dans un bol et incorporez progressivement le sucre en fouettant avec un batteur électrique. Mettez la préparation dans un bain-marie en continuant à fouetter pendant 6 à 8 minutes, jusqu'à ce que le mélange double de volume et fasse le ruban. Ajoutez l'extrait de vanille.

**3** Faites fondre le beurre. Saupoudrez la farine cacaotée sur la préparation aux œufs, un tiers à la fois, et incorporez délicatement au fur et à mesure. Ajoutez le beurre et mélangez. Préchauffez le four.

**4** Versez la pâte dans le moule et faites cuire 35 à 40 minutes au four (la surface du gâteau doit être élastique si l'on appuie doucement dessus). Laissez reposer quelques minutes dans le moule à la sortie du four, puis retournez le gâteau sur une grille pour qu'il refroidisse.

**5** Faites fondre le chocolat du glaçage dans un grand bol (voir page 33). Quand il est chaud, ajoutez les jaunes d'œufs l'un après l'autre puis le beurre fractionné en petits morceaux, et enfin 1 cuillerée à thé d'extrait de vanille. Battez les blancs d'œufs en neige ferme avec le sel.

**Température du four**
180 °C (350 °F)

**Cuisson**
35 à 40 minutes

**Ustensile**
Moule rond à bord amovible de 23 cm (9 po), beurré, tapissé de papier ciré, puis beurré à nouveau et fariné

**Portions**
8 à 10

**Conservation**
2 à 3 jours au réfrigérateur

**Congélation**
2 mois, sans garniture ni décor

**Conseil**
Vous pouvez préparer le gâteau 2 jours à l'avance et le garder au réfrigérateur

*Les blancs d'œufs
allègent beaucoup
le glaçage*

**6** Incorporez délicatement les blancs d'œufs à la préparation, en commençant par une grosse cuillerée, pour l'alléger.

**7** Fouettez la crème en chantilly, en ajoutant le sucre et le reste d'extrait de vanille à la fin.

FINITION

**1** Coupez le gâteau en trois disques dans le sens de l'épaisseur (voir page 50). Posez un disque sur le plat de service, étalez le tiers du glaçage au chocolat, puis posez le deuxième disque et recouvrez-le de crème. Placez le troisième disque par-dessus.

**2** Recouvrez la surface et le pourtour du gâteau avec le reste de glaçage au chocolat. Décorez avec les vagues en chocolat et éventuellement quelques fragments de feuille d'or.

*L'éclat de l'or
sur le chocolat*

**ROYAL**
*Un décor raffiné fera
de ce gâteau un dessert
de grande occasion.*

# Gâteau du diable

*Ce gâteau parfumé se caractérise par un glaçage aromatisé aux fruits.*

## INGRÉDIENTS

### Pour le gâteau

*90 g (3 oz) de chocolat noir coupé en petits morceaux (voir page 32)*

*2¼ tasses de farine autolevante*

*1 cuillerée à thé de bicarbonate de soude*

*½ cuillerée à thé de sel*

*1 tasse de beurre doux ramolli*

*2½ tasses de cassonade brune bien tassée*

*2 cuillerées à thé d'extrait de vanille*

*3 œufs*

*½ tasse de lait de babeure*

*1 tasse d'eau bouillante*

### Pour le glaçage

*1¼ tasse de sucre superfin*

*2 blancs d'œufs*

*1 cuillerée à soupe de jus de citron*

*3 cuillerées à soupe de jus d'orange concentré*

**1** Faites fondre le chocolat (voir page 33) et réservez-le.

**2** Tamisez ensemble la farine, le bicarbonate de soude et le sel.

**3** Travaillez le beurre pour le ramollir, puis ajoutez progressivement le sucre, en fouettant jusqu'à ce que le mélange soit mousseux. Ajoutez l'extrait de vanille, puis incorporez les œufs, l'un après l'autre, ainsi qu'un peu de farine. Préchauffez le four.

**4** Incorporez en alternance la farine et le lait de babeure. Mélangez doucement l'eau bouillante.

**5** Versez la moitié de la pâte dans chacun des deux moules et faites cuire 30 minutes, en veillant à ce qu'ils ne soient pas directement l'un au-dessus de l'autre dans le four. Les gâteaux sont cuits lorsque la surface est élastique sous le doigt.

**6** Laissez reposer 5 minutes à la sortie du four, puis retournez les gâteaux sur une grille pour qu'ils refroidissent.

**7** Mettez tous les ingrédients du glaçage dans une casserole au bain-marie. Fouettez pour que le mélange épaississe, puis retirez du feu et continuez de fouetter jusqu'à ce qu'il nappe le dos d'une cuillère.

**8** Étalez sur l'un des gâteaux une couche de glaçage, posez le deuxième gâteau dessus, puis, à l'aide d'une spatule, recouvrez uniformément la surface et le pourtour avec le reste de glaçage.

**Température du four**
190 °C (375 °F)

**Cuisson**
30 minutes

**Ustensiles**
2 moules ronds peu profonds de 23 cm (9 po), beurrés, le fond tapissé de papier ciré

**Portions**
12 à 16

**Conservation**
2 jours au réfrigérateur

**Congélation**
1 mois, sans le glaçage

# Gâteau au chocolat blanc

*Ce dessert séduira les amateurs de chocolat blanc : une génoise au chocolat noir imbibée de sirop à la framboise légèrement alcoolisé et fourrée d'une onctueuse crème au beurre au chocolat blanc.*

*Fins copeaux de chocolat et glaçage pour un gâteau tout blanc*

## INGRÉDIENTS

### Pour le gâteau

| |
|---|
| *³/₄ tasse de farine tout usage* |
| *6 cuillerées à soupe de cacao en poudre* |
| *¹/₂ cuillerée à thé de levure chimique* |
| *¹/₈ cuillerée à thé de sel* |
| *4 œufs* |
| *¹/₂ tasse de sucre superfin* |
| *1 cuillerée à thé d'extrait de vanille* |
| *3 cuillerées à soupe de beurre doux* |

### Pour la crème au beurre

| |
|---|
| *1 œuf* |
| *¹/₃ tasse de sucre granulé* |
| *1 grosse pincée de crème de tartre* |
| *12 cuillerées à soupe (180 g) de beurre à température ambiante* |
| *250 g (8 oz) de chocolat blanc* |

### Pour le sirop de framboise

| |
|---|
| *¹/₂ tasse de confiture de framboises* |
| *4 cuillerées à soupe de liqueur de framboise* |

### Pour le décor

*copeaux de chocolat blanc (voir page 42)*

**1** Tamisez ensemble la farine, la levure, le cacao et le sel à trois reprises. Réservez.

**2** Cassez les œufs dans un grand bol et incorporez progressivement le sucre en fouettant avec un batteur électrique. Mettez au bain-marie et fouettez encore pendant 6 à 8 minutes, jusqu'à ce que le mélange double de volume et fasse le ruban. Ajoutez l'extrait de vanille. Préchauffez le four.

**3** Faites fondre le beurre à feu très doux. Tamisez la farine cacaotée sur les œufs, un tiers à la fois, et incorporez-la délicatement au fur et à mesure. Ajoutez le beurre fondu.

**4** Versez la pâte dans le moule et faites cuire au four 35 à 40 minutes. Le gâteau est cuit lorsque la surface est élastique quand on appuie légèrement dessus avec le doigt. Laissez-le

reposer quelques minutes dans le moule, puis décollez le bord à l'aide d'une lame fine et retournez-le sur une grille pour qu'il refroidisse.

**5** Préparez la crème au beurre : fouettez l'œuf jusqu'à ce qu'il blanchisse et épaississe.

**6** Mettez à fondre doucement le sucre dans une petite casserole avec ¹/₄ tasse d'eau et la crème de tartre, puis faites bouillir jusqu'à ce que le sirop atteigne le stade du petit boulé (115 °C/ 240 °F). Versez-le progressivement sur l'œuf en fouettant énergiquement, et continuez jusqu'à ce que le mélange refroidisse et atteigne la température ambiante.

**7** Coupez le beurre en petits morceaux et incorporez-le progressivement au mélange précédent sans cesser de fouetter. Faites fondre le chocolat blanc avec 4 cuillerées à soupe d'eau (voir page 34), laissez-le tiédir et mélangez-le à la crème au beurre.

**8** Préparez le sirop : passez la confiture de framboises au tamis fin et mélangez-la à la liqueur.

## FINITION

**1** Coupez le gâteau en trois disques dans le sens de l'épaisseur (voir page 50). Posez le premier à l'envers sur le plat de service, puis imbibez-le de la moitié du sirop à la framboise. Étalez le quart de la crème au beurre en couche régulière.

**2** Posez le deuxième disque, renouvelez l'opération avec le reste du sirop et la même quantité de crème au beurre, puis placez le dernier disque par-dessus pour former le gâteau. Recouvrez la surface et le pourtour avec le reste de crème, en lissant à l'aide d'une spatule, et décorez de copeaux de chocolat blanc.

**Température du four**
180 °C (350 °F)

**Cuisson**
35 à 40 minutes

**Ustensile**
Moule à bord amovible de 23 cm (9 po), beurré, le fond tapissé de papier ciré, puis à nouveau beurré et fariné

**Portions**
8 à 10

**Conservation**
2 à 3 jours au réfrigérateur

**Congélation**
2 à 3 mois, sans le décor

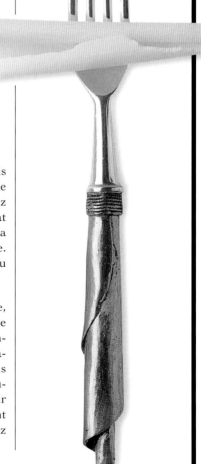

# Gâteau roulé au moka

## INGRÉDIENTS

### Pour le gâteau

*125 g (4 oz) de chocolat noir*

*60 g (2 oz) de chocolat extra-noir*

*3 cuillerées à soupe d'eau*

*2 cuillerées à soupe de cognac*

*5 œufs, blancs et jaunes séparés*

*³/₄ tasse de sucre superfin*

*1 pincée de sel*

### Pour la garniture et le décor

*1 cuillerée à thé de café instantané en poudre*

*1 cuillerée à soupe d'eau bouillante*

*1¹/₄ tasse de crème à 35 %*

*1 cuillerée à thé de sucre superfin*

*sucre glace*

*triangles de chocolat noir (voir page 45)*

*L'absence de farine rend ce gâteau étonnamment léger. On a choisi ici une crème au café, mais il peut être fourré d'une chantilly nature ou vanillée. Le fin biscuit est assez friable : manipulez-le doucement.*

**1** Faites fondre les deux chocolats avec l'eau et le cognac (voir page 34). Laissez refroidir.

**2** Fouettez les jaunes d'œufs avec le sucre jusqu'à ce qu'ils blanchissent. Ajoutez le chocolat. Battez les blancs d'œufs en neige ferme avec le sel. Incorporez-les au mélange précédent, en commençant par 1 cuillerée pour l'alléger. Préchauffez le four.

**3** Répartissez régulièrement la pâte dans le moule et faites cuire 15 minutes au four. Cou-

vrez avec un papier ciré et un linge humide, puis laissez reposer jusqu'au lendemain.

**4** Faites fondre le café instantané dans l'eau bouillante. Fouettez la crème en chantilly, puis ajoutez le sucre et le café.

**5** Retournez le gâteau sur un papier siliconé saupoudré de sucre glace et enlevez le papier ciré (photo 1 ci-dessous).

**6** Mettez 3 ou 4 cuillerées à soupe de crème dans une poche munie d'une douille de 1 cm (¹/₂ po). Étalez le reste en couche régulière sur le biscuit. Roulez le gâteau en soulevant le plus grand côté avec le papier saupoudré de sucre (photos 2 et 3 ci-dessous), puis retirez celui-ci.

**7** Décorez de crème à l'aide de la poche à douille (voir page 48) et fixez-y les triangles de chocolat. Mettez au frais plusieurs heures avant de servir.

### VARIANTE

Si vous le décorez de feuilles de houx en chocolat ou en pâte d'amande au chocolat (voir pages 43 et 76) et de quelques baies rouges, ce gâteau fera une très belle bûche de Noël.

 **Température du four**
180 °C (350 °F)

 **Cuisson**
15 minutes

 **Ustensile**
Moule à gâteau roulé de 36 × 25 × 1 cm (14 × 10 × ¹/₂ po), beurré et tapissé de papier ciré

 **Portions**
12 à 16

 **Conservation**
2 à 3 jours au réfrigérateur

## Roulage du gâteau

**1** *Quand le biscuit est refroidi, retirez le papier ciré en le saisissant par les angles et en tirant doucement vers vous.*

**2** *Étalez la crème à l'aide d'une spatule à manche coudé, en veillant à laisser une petite marge tout autour.*

**3** *Pour éviter que le gâteau ne se fende trop et que la crème ne ressorte, roulez-le très doucement et sans serrer.*

*La saveur de la crème au café confère beaucoup de finesse à ce gâteau*

# Gâteau roulé aux amandes et aux framboises

*Il s'agit d'une génoise aux amandes très souple, que vous roulerez sans difficulté après l'avoir garnie d'une savoureuse crème au chocolat noir.*

*La très subtile association du café et du chocolat vous ravira*

## INGRÉDIENTS

### Pour le gâteau

*3/4 tasse d'amandes*

*1/2 tasse de sucre superfin*

*3 œufs*

*3 blancs d'œufs*

*1 pincée de sel*

*1/4 tasse de farine tout usage*

*2 cuillerées à soupe de beurre fondu*

### Pour le sirop de framboise

*1/4 tasse de sucre superfin*

*1/3 tasse d'eau*

*5 cuillerées à soupe de liqueur de framboise*

### Pour la garniture et le décor

*125 g (4 oz) de chocolat extra-noir*

*125 g (4 oz) de chocolat noir*

*1/2 tasse de lait*

*1 tasse de crème à 35 %*

*2 tasses de framboises fraîches*

*feuilles en chocolat (voir page 43)*

**1** Broyez les amandes au mélangeur avec 2 cuillerées à soupe de sucre. Réservez 2 cuillerées à soupe de sucre et mettez le reste dans un grand bol avec les amandes broyées. Incorporez les œufs, un par un, en fouettant jusqu'à ce que le mélange devienne léger et bien ferme avant d'ajouter l'œuf suivant.

**2** Fouettez les blancs d'œufs en neige ferme avec le sel, en saupoudrant les 2 cuillerées de sucre 20 secondes avant la fin pour les meringuer. Tamisez la farine sur la préparation aux amandes, en la mélangeant délicatement au fur et à mesure. Incorporez les blancs battus, un tiers à la fois, puis mélangez le beurre fondu. Préchauffez le four.

**3** Versez la pâte dans le moule en l'étalant bien et faites cuire 12 à 15 minutes au four : le biscuit doit être juste ferme. Retournez le gâteau sur une surface plane et laissez-le refroidir, recouvert de son papier ciré.

**4** Préparez le sirop : faites fondre le sucre dans l'eau à feu très doux, sans cesser de remuer, puis faites bouillir jusqu'à ce que le liquide soit transparent. Laissez refroidir et ajoutez la liqueur de framboise.

**5** Fouettez la crème en chantilly. Faites fondre les chocolats de la garniture dans le lait (voir page 34). Laissez tiédir le mélange, allégez-le en ajoutant 1 cuillerée à soupe de crème fouettée, puis incorporez-le délicatement à la chantilly.

## FINITION

**1** Retournez le gâteau sur un papier siliconé et enlevez le papier ciré (photo 1, page ci-contre). Imbibez largement la surface de sirop de framboise, puis étalez les deux tiers de la crème au chocolat (photo 2, même page).

**2** Réservez 12 framboises pour le décor et répartissez les autres sur la crème au chocolat.

**3** Roulez le gâteau en vous aidant du papier. Recouvrez-le complètement avec le reste de crème au chocolat, en lissant à l'aide d'une spatule, puis décorez avec les framboises réservées et des feuilles en chocolat. Mettez le gâteau au réfrigérateur et sortez-le 1 heure avant de le servir.

**Température du four**
200 °C (400 °F)

**Cuisson**
12 à 15 minutes

**Ustensile**
Moule à gâteau roulé de 39 x 26 x 1 cm (15 1/2 x 10 1/2 x 1/2 po), beurré et tapissé d'un papier ciré beurré

**Portions**
8 à 10

**Conservation**
2 à 3 jours au réfrigérateur

# Marjolaine

*Raffinée et originale, cette savoureuse meringue aux amandes fourrée d'une mousse à l'abricot et d'une crème au beurre chocolatée plaira à tous.*

## INGRÉDIENTS

### Pour le gâteau

³/₄ tasse d'amandes

¹/₂ tasse de sucre

3 œufs

3 blancs d'œufs

1 pincée de sel

¹/₄ tasse de farine tout usage

2 cuillerées à soupe de beurre fondu

### Pour la garniture à l'abricot

4 cuillerées à soupe d'eau froide

¹/₄ cuillerée à thé de gélatine en poudre

¹/₃ tasse d'abricots secs

¹/₂ tasse de crème à 35 %

2 cuillerées à soupe de sucre granulé

### Pour la crème au beurre

3 jaunes d'œufs

¹/₃ tasse de sucre superfin

¹/₃ tasse d'eau

14 cuillerées à soupe de beurre ramolli

100 g (3¹/₂ oz) de chocolat extra-noir fondu (voir page 33)

### Pour le décor

cacao en poudre

**1** Broyez les amandes au mélangeur avec 2 cuillerées à soupe de sucre. Réservez 2 cuillerées à soupe de sucre et mettez le reste dans un grand bol avec les amandes. Incorporez les œufs entiers un à un, en fouettant jusqu'à ce que le mélange soit léger et ferme avant d'ajouter l'œuf suivant.

**2** Fouettez les blancs d'œufs en neige ferme avec le sel. Saupoudrez les 2 cuillerées de sucre réservées et fouettez encore 20 secondes. Tamisez la farine sur la préparation aux amandes et mélangez-la au fur et à mesure. Incorporez délicatement les blancs d'œufs battus, un tiers à la fois, puis le beurre fondu. Préchauffez le four.

**3** Versez-la pâte dans le moule. Faites cuire 12 à 15 minutes au four. Retournez le gâteau sur une surface plane pour qu'il refroidisse, avec son papier ciré.

**4** Préparez la purée d'abricots : dans un bol, délayez la gélatine dans l'eau, puis faites-la fondre au bain-marie, sans cesser de remuer. Mettez les abricots, la crème et le sucre dans une casserole, et faites mijoter doucement une dizaine de minutes. Ajoutez la gélatine, mélangez, puis passez au mélangeur pour obtenir une purée fine. Laissez refroidir à température ambiante.

**5** Préparez la crème au beurre : fouettez les jaunes d'œufs. Faites fondre le sucre dans l'eau à feu doux, puis portez à ébullition et laissez sur le feu jusqu'à ce que le sirop atteigne le stade du petit boulé (115 °C/240 °F au thermomètre à sirop).

**6** Versez petit à petit le sirop sur les œufs, en fouettant jusqu'à ce que le mélange soit refroidi et ferme. Travaillez le beurre pour le rendre crémeux et incorporez-le aux œufs en remuant vigoureusement. Ajoutez le chocolat et mélangez bien.

## FINITION

**1** Retournez le gâteau sur une feuille de papier siliconé et retirez le papier ciré. Coupez-le en quatre rectangles égaux.

**2** Mettez l'un des rectangles sur le plat de service et étalez le quart de la crème au beurre. Posez un deuxième rectangle de biscuit dessus, recouvrez-le avec la purée d'abricots. Placez le troisième rectangle, puis étalez le quart de la crème au beurre, avant de couvrir du dernier morceau de biscuit. Recouvrez la surface et le pourtour du gâteau avec le reste de crème.

**3** Mettez le gâteau au réfrigérateur pour le raffermir et sortez-le 1 heure avant de servir. Saupoudrez de cacao et dessinez un motif à l'aide de la pointe d'un couteau.

**Température du four**
200 °C (400 °F)

**Cuisson**
12 à 15 minutes

**Ustensile**
Moule à gâteau roulé de 36 x 25 x 1 cm (14 x 10 x ¹/₂ po), beurré, tapissé d'un papier ciré beurré

**Portions**
12 à 16

**Conservation**
2 à 3 jours au réfrigérateur

# Quatre-quarts au chocolat

*Les proportions de cette pâtisserie lui ont donné son nom : un poids égal de farine, de beurre, de sucre et d'œufs. Cette version chocolatée, servie avec du thé ou du café, est idéale pour le goûter.*

### INGRÉDIENTS

*1 tasse de fécule de pomme de terre*

*1 tasse de farine tout usage*

*1 cuillerée à thé de levure chimique*

*$\frac{1}{4}$ cuillerée à thé de sel*

*1 tasse de beurre doux ramolli*

*1 tasse de sucre superfin*

*4 œufs*

*2 cuillerées à soupe de lait*

*1 cuillerée à thé d'extrait de vanille*

*90 g (3 oz) de chocolat noir fondu*

*2 cuillerées à soupe de cacao en poudre dissous dans 2 cuillerées à soupe d'eau bouillante*

*$\frac{1}{2}$ portion de glaçage au chocolat pour le décor (voir page 136)*

**1** Tamisez ensemble la fécule, la farine, la levure et le sel à deux reprises.

**2** Travaillez le beurre avec le sucre, jusqu'à ce que le mélange soit léger et mousseux. Battez les œufs avec le lait et la vanille, puis mélangez-les petit à petit au beurre. Incorporez la farine, un quart à la fois. Préchauffez le four.

**3** Mettez la moitié de la pâte dans le moule. Mélangez l'autre moitié avec le chocolat fondu et le cacao, puis versez-la à son tour dans le moule, en la laissant couler en filet et en faisant des zigzags pour obtenir un effet marbré.

**4** Faites cuire 1 heure. Laissez reposer 10 minutes à la sortie du four, puis retournez le gâteau sur une grille pour qu'il refroidisse.

**5** Posez le gâteau sur un papier siliconé. Quand le glaçage a refroidi et atteint la bonne consistance (il doit napper le dos d'une cuillère), versez-le sur le gâteau. Laissez-le prendre avant de servir.

 **Température du four**
180 °C (350 °F)

 **Cuisson**
1 heure

 **Ustensile**
Grand moule à cheminée, graissé de beurre fondu et fariné

 **Portions**
12

 **Conservation**
2 à 3 jours au réfrigérateur

 **Congélation**
1 mois

# Dacquoise

*Cette dacquoise allie meringues aux noisettes, crème au chocolat, fraises ou framboises. Pour un dessert encore plus estival, remplacez la crème au chocolat par de la chantilly mélangée à un léger coulis de fruits rouges.*

### INGRÉDIENTS

**Pour les meringues**

*2 tasses de noisettes grillées et mondées (voir page 39)*

*1 cuillerée à soupe de fécule de maïs*

*$1\frac{1}{4}$ tasse de sucre superfin*

*2 cuillerées à soupe de cacao en poudre*

*6 blancs d'œufs*

**Pour la garniture et le décor**

*1 portion de ganache (voir page 136)*

*2 tasses de fraises ou de framboises*

**1** Broyez finement au mélangeur les noisettes refroidies avec la fécule et le sucre, puis ajoutez le cacao et mélangez.

**2** Battez 3 blancs d'œufs en neige pas trop ferme, en saupoudrant petit à petit le reste de sucre pour les meringuer. Incorporez délicatement la moitié du mélange à la préparation aux noisettes. Préchauffez le four.

**3** Répartissez l'appareil en quantités égales dans les deux cercles et faites cuire 1 heure : la meringue doit être sèche et craquante. Laissez refroidir sur une grille, puis ôtez le papier siliconé.

**4** Remettez un papier siliconé sur chaque plaque et préparez deux autres disques de meringue avec le reste des ingrédients.

**5** Préparez la ganache en suivant les explications de la page 136.

**6** Mettez un disque de meringue sur le plat de service et recouvrez-le de ganache, puis répétez l'opération avec deux autres disques. Posez le dernier et recouvrez tout le gâteau avec le reste de crème. Mettez au réfrigérateur pendant 2 heures et décorez avec les fruits avant de servir.

 **Température du four**
140 °C (275 °F)

 **Cuisson**
1 heure pour chaque fournée

 **Ustensiles**
2 plaques à biscuits recouvertes chacune d'une feuille de papier siliconé, marquée de 2 cercles de 23 cm (9 po)

 **Portions**
12

 **Conservation**
2 à 3 jours au réfrigérateur

# Gâteau de mariage

*Cette pièce montée originale séduira tous les amateurs de chocolat. Ses trois étages sont composés de génoises au chocolat noir, fourrées d'une crème au beurre parfumée à la fraise. Pour la circonstance, le gâteau est décoré de chocolat blanc. Il peut être préparé à l'avance, car la génoise se congèle très bien, et une nuit à température ambiante suffit à la dégeler. Une fois glacés, les gâteaux peuvent se conserver au frais pendant 24 heures ; vous les assemblerez et les décorerez le matin du mariage.*

*On peut découper jusqu'à 100 parts dans les trois étages du gâteau*

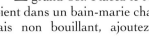

## INGRÉDIENTS

### Pour le gâteau de la base (30 cm/12 po)

275 g (9 oz) de chocolat extra-noir

150 g (5 oz) de chocolat noir

1 tasse d'eau

12 œufs

1¹/₂ tasse de sucre superfin

2¹/₃ tasses de farine tout usage tamisée

### Pour le gâteau intermédiaire (23 cm/9 po)

250 g (8 oz) de chocolat extra-noir

60 g (2 oz) de chocolat noir

¹/₂ tasse d'eau

7 œufs

³/₄ tasse de sucre superfin

1¹/₄ tasse de farine tout usage tamisée

### Pour le gâteau supérieur (15 cm/6 po)

150 g (5 oz) de chocolat extra-noir

6 cuillerées à soupe d'eau

5 œufs

¹/₂ tasse de sucre superfin

1 tasse de farine tout usage tamisée

### Pour la crème au beurre

18 jaunes d'œufs

3 tasses (625 g) de sucre superfin

1¹/₂ tasse d'eau

6 tasses (1,5 kg) de beurre ramolli

2 tasses de fraises

### Pour le glaçage au chocolat blanc

1,2 kg (2¹/₄ lb) de chocolat blanc coupé en petits morceaux

1³/₄ tasse de crème à 35 %

### Pour le décor en chocolat blanc

rubans et pétales faits avec 750 g (1¹/₄ lb) de chocolat blanc (voir pages 44-45)

Commencez par confectionner le grand gâteau, puis l'intermédiaire et terminez par le plus petit.

**1** Pour chaque gâteau, portez les chocolats et l'eau à ébullition, puis retirez du feu ; remuez jusqu'à ce que les chocolats soient fondus et laissez refroidir.

**2** Cassez les œufs dans un grand bol. Placez le récipient dans un bain-marie chaud mais non bouillant, ajoutez le sucre et fouettez à l'aide d'un batteur électrique, jusqu'à ce que le mélange double de volume et fasse le ruban (environ 25 minutes pour 12 œufs, 12 minutes pour 7 œufs et 10 minutes pour 5 œufs).

**3** Tamisez la farine sur les œufs, un tiers à la fois. Incorporez-la au fur et à mesure, puis mélangez avec le chocolat fondu. Préchauffez le four.

**4** Versez la pâte dans le moule adéquat et faites cuire le temps indiqué pour chaque gâteau (un cure-dent inséré au centre doit ressortir sec). Laissez reposer à la sortie du four, puis retournez le gâteau sur une grille pour qu'il refroidisse.

**5** Préparez la crème au beurre : fouettez les jaunes d'œufs dans un grand bol, jusqu'à ce qu'ils blanchissent et épaississent. Versez le sucre et l'eau dans une casserole à fond épais, chauffez doucement à couvert pendant 1 minute pour dissoudre le sucre, puis découvrez, portez à ébullition et laissez le sirop bouillir jusqu'à ce qu'il atteigne le stade du petit boulé (115 °C/240 °F au thermomètre à sirop). Versez-le lentement sur les œufs, en fouettant sans cesse, jusqu'à ce que le mélange refroidisse.

**6** Coupez le beurre en petits morceaux et incorporez-le progressivement, en fouettant vigoureusement. Réservez un tiers de la crème. Passez les fraises au mélangeur pour les réduire en purée, puis mélangez-les au reste de crème.

**7** Coupez chaque gâteau en trois disques. Reformez-les après avoir étalé une couche régulière de crème à la fraise sur deux des trois disques. Placez-les sur leurs socles respectifs, puis posez-les chacun sur une grille au-dessus d'un grand plat.

**Température du four**
180 °C (350 °F)

**Cuisson**
1 heure à 1 h 15 pour le gâteau de la base ; 40 à 45 minutes pour le gâteau intermédiaire ; 35 à 40 minutes pour le gâteau supérieur

**Ustensiles**
3 moules ronds de 30, 23 et 15 cm (12, 9 et 6 po) de diamètre et de 5 cm (2 po) de profondeur, beurrés, tapissés de papier ciré, puis beurrés à nouveau et farinés ;
1 socle en carton épais de 35,5 cm (14 po) de diamètre ;
3 socles en carton mince de 30, 23 et 15 cm (12, 9 et 6 po) de diamètre ;
6 tiges en plastique ;
3 m (3¹/₄ vg) de ruban de 2,5 cm (1 po) de large ;
3,50 m (4 vg) de ruban de 1,5 cm (³/₄ po) de large ;
épingles de sûreté inoxydables

**Portions**
100

**Conservation**
3 jours au réfrigérateur pour la génoise ; 3 jours au réfrigérateur pour le gâteau terminé

**Congélation**
2 mois pour la génoise

**8** Versez une fine couche de crème au beurre nature sur chaque gâteau, en récupérant au fur et à mesure l'excédent qui coule dans le plat placé sous la grille. Mettez au frais quelques minutes pour que la crème prenne.

**9** Préparez le glaçage : faites fondre doucement le chocolat blanc (voir page 35). Portez la crème à ébullition, puis retirez du feu, laissez refroidir et mélangez au chocolat.

**10** Laissez refroidir le glaçage jusqu'à ce qu'il nappe le dos d'une cuillère, puis versez-en suffisamment sur chaque gâteau pour le recouvrir complètement. Lissez soigneusement la surface et les côtés à l'aide d'une spatule. Étalez-en une fine couche, sur environ 3,5 cm (1 1/2 po) de large, tout autour du socle en carton épais (si le glaçage est devenu trop froid, placez le récipient dans de l'eau chaude). Laissez prendre.

## MONTAGE DU GÂTEAU

**1** Piquez les tiges en plastique dans le grand gâteau, à environ 3,5 cm (1 1/2 po) du bord, en cercle. Elles doivent être régulièrement espacées. Repérez l'endroit où elles affleurent à la surface du gâteau, retirez-les, raccourcissez-les à la hauteur marquée, puis repiquez-les dans le gâteau. Procédez de même pour le gâteau intermédiaire.

**2** En laissant les gâteaux sur leurs socles, posez le modèle intermédiaire sur le plus grand, en veillant à bien le centrer, puis installez le petit gâteau.

**3** Épinglez le large ruban autour du socle en carton épais, et le plus étroit à la base de chaque gâteau.

*Rubans de chocolat et de tissu ajoutent un air de fête à ce magnifique gâteau*

## DÉCORATION

Composez neuf bouquets, chacun constitué de trois rubans et de cinq pétales en chocolat blanc. Placez-en quatre sur le gâteau du bas, trois sur celui du milieu et deux sur le plus petit. Fixez-les en déposant à la poche à douille une pointe de chocolat blanc fondu provenant des chutes des rubans. Piquez au centre de chaque bouquet un petit nœud confectionné avec le ruban étroit.

*Les rubans cachent la jonction entre les étages du gâteau*

# Gâteaux moelleux

Les gâteaux présentés dans ce chapitre constituent d'excellents desserts, surtout quand on les sert avec une crème anglaise ou un coulis de fruits (aux kumquats, par exemple, pour le gâteau présenté ci-dessous). Certaines de ces pâtisseries sont d'origine autrichienne ou allemande. Le plus souvent enrichies de noisettes, d'amandes et de noix, elles ne contiennent que très peu de farine, voire pas du tout. La traditionnelle Sachertorte est l'une des plus connues, mais les gâteaux italiens associant chocolat, noisettes et biscuits amaretti sont également très populaires.

## Gâteau céleste aux kumquats

### INGRÉDIENTS

**Pour les kumquats**

| |
|---|
| 500 g (1 lb) de kumquats |
| $^1/_2$ tasse de sucre granulé |
| $1^1/_4$ tasse d'eau |

**Pour le gâteau**

| |
|---|
| $^1/_3$ tasse de farine autolevante |
| $^1/_2$ tasse de sucre superfin |
| 1 pincée de sel |
| 3 œufs |
| 90 g (3 oz) de chocolat noir |
| 1 cuillerée à soupe de cacao en poudre |
| 7 cuillerées à soupe de beurre doux |

**Pour le glaçage**

| |
|---|
| 125 g (4 oz) de chocolat noir |
| 2 cuillerées à soupe de beurre doux |
| 2 cuillerées à soupe de lait |
| feuilles en chocolat pour le décor (voir page 43) |

*Originaires de Chine, les kumquats sont des agrumes, mais leur peau sucrée est comestible. La saveur à la fois piquante et douce des kumquats pochés ainsi que leur sirop se marient très bien avec le chocolat.*

**1** Lavez les kumquats, réservez une dizaine de fruits entiers et coupez les autres en deux dans le sens de la longueur. Mettez-les tous dans une casserole avec l'eau et le sucre, portez à ébullition, puis laissez mijoter très doucement pendant 30 minutes.

**2** Versez la farine, le sucre, le sel et les œufs dans un bol placé dans un bain-marie chaud, mais non bouillant, et fouettez au batteur électrique pendant environ 8 minutes, jusqu'à ce que le mélange épaississe et fasse le ruban. Préchauffez le four.

**3** Faites fondre le chocolat avec le cacao et le beurre (voir page 34), puis ajoutez la préparation aux œufs et fouettez encore quelques minutes. Versez la pâte dans le moule et faites cuire 25 minutes. Laissez reposer 10 minutes dans le moule, puis retournez le gâteau sur une grille après l'avoir décollé des parois à l'aide d'une lame fine.

**4** Faites fondre ensemble les ingrédients du glaçage (voir page 34) et posez le gâteau sur une grille au-dessus d'un grand plat. Laissez le glaçage refroidir. Quand il a atteint une consistance permettant de l'étaler, couvrez-en la surface et le pourtour du gâteau, en lissant à l'aide d'une spatule (voir page 49). Laissez prendre.

**5** Décorez la surface avec des feuilles en chocolat et les kumquats entiers. Servez tiède avec les demi-fruits au sirop.

**Température du four**
160 °C (325 °F)

**Cuisson**
25 minutes

**Ustensile**
Moule à bord amovible de 20 cm (8 po), beurré, le fond tapissé de papier ciré

**Portions**
8 à 10

**Conservation**
2 à 3 jours au réfrigérateur

# Gâteau au chocolat et aux noisettes

*Les noisettes croquantes donnent à ce gâteau une belle texture et un goût savoureux. D'excellente tenue, il est idéal pour un pique-nique. C'est également un délicieux dessert lorsqu'il est servi avec de la crème fouettée.*

## INGRÉDIENTS

### Pour le gâteau

$^3/_4$ *tasse de noisettes grillées et mondées (voir page 39)*

$^1/_2$ *tasse de sucre superfin*

*90 g (3 oz) de chocolat noir râpé (voir page 32)*

*90 g (3 oz) de chocolat extra-noir râpé (voir page 32)*

*180 g (12 cuillerées à soupe) de beurre doux coupé en petits morceaux*

*4 œufs, jaunes et blancs séparés*

*1 cuillerée à thé d'extrait de vanille*

$^1/_4$ *tasse de farine tout usage*

$^1/_4$ *cuillerée à thé de sel*

$^1/_4$ *cuillerée à thé de crème de tartre*

### Pour le décor

*1 portion de glaçage au chocolat (voir page 136)*

*30 g (1 oz) de chocolat blanc*

*30 g (1 oz) de chocolat au lait*

**1** Broyez les noisettes avec 2 cuillerées à soupe de sucre. Faites fondre les deux chocolats avec le beurre (voir page 34).

**2** Fouettez les jaunes d'œufs avec $^1/_3$ tasse de sucre, jusqu'à ce qu'ils blanchissent et épaississent, puis incorporez le chocolat fondu encore chaud et l'extrait de vanille. Mélangez la farine et le sel aux noisettes. Incorporez-les au chocolat.

**3** Battez les blancs d'œufs et la crème de tartre en neige ferme, en ajoutant le reste du sucre à mi-parcours. Préchauffez le four.

**4** Mélangez 1 cuillerée à soupe de blancs en neige à l'appareil au chocolat pour l'alléger, puis incorporez délicatement le reste. Versez la pâte dans le moule et faites cuire 35 à 40 minutes : le cœur du gâteau doit rester moelleux. Laissez refroidir dans le moule, sur une grille ; puis posez un carton mince en surface et retournez le gâteau dessus.

**5** Préparez le glaçage (voir page 136). Étalez-en le quart sur le gâteau pour fixer la surface et laissez prendre au réfrigérateur. Recouvrez ensuite tout le gâteau avec le reste de glaçage (voir page 49).

**6** Faites fondre les chocolats du décor et mettez-les dans deux poches à douille.

**7** Dessinez sur la surface du gâteau des cercles concentriques alternés de chocolat blanc et au lait, puis tracez un décor avec une pique en bois (voir page 47).

  **Température du four**
190 °C (375 °F)

 **Cuisson**
35 à 40 minutes

 **Ustensile**
Moule à bord amovible de 23 cm (9 po), beurré, le fond tapissé de papier ciré

 **Portions**
10 à 12

 **Conservation**
3 à 4 jours au réfrigérateur

**Congélation**
1 à 2 mois, sans le décor

# *Gâteau truffé au chocolat*

**INGRÉDIENTS**

**Pour le biscuit**

*3 tasses de biscuits graham pulvérisés*

*2 cuillerées à soupe de cacao en poudre tamisé*

*2 cuillerées à soupe de cassonade dorée*

*5 cuillerées à soupe de beurre fondu*

**Pour la garniture et le décor**

*250 g (8 oz) de chocolat noir*

*90 g (3 oz) de chocolat extra-noir*

*2¹/₂ tasses de crème à 35 %*

*2 cuillerées à soupe de lait*

*2 cuillerées à soupe de cognac ou de rhum, ou 1 cuillerée à thé d'extrait de vanille*

*cacao en poudre*

*décors en chocolat blanc et noir (voir page 47)*

*Une mousse au chocolat sur un biscuit à la fois léger et croustillant : voici un dessert savoureux, plébiscité par de nombreux chefs. Vous l'aromatiserez au cognac ou au rhum, ou encore à la vanille si vous préférez un gâteau sans alcool.*

**1** Préchauffez le four. Mélangez les biscuits écrasés, le cacao, la cassonade et le beurre fondu. Étalez le mélange en couche très régulière au fond du moule. Faites cuire 10 minutes au four, puis retirez le bord du moule et laissez le gâteau refroidir sur une grille. Remettez le bord quand le biscuit est froid.

**2** Préparez la garniture : faites fondre les chocolats ensemble (voir page 33), puis laissez tiédir le mélange, qui doit toutefois rester liquide.

**3** Plongez le carton de crème fraîche quelques minutes dans un bol d'eau chaude, afin qu'elle ne soit pas trop froide.

**4** Fouettez modérément la crème avec le lait et l'alcool ou l'extrait de vanille, jusqu'à ce qu'elle fasse le ruban.

**5** Mélangez 1 cuillerée à soupe de crème au chocolat liquide pour l'alléger. Incorporez ensuite rapidement le mélange au chocolat au reste de la crème fouettée. Versez dans le moule, sur le biscuit, puis égalisez la surface à l'aide d'une spatule. Couvrez d'un film plastique et mettez au réfrigérateur pendant au moins 4 heures, et si possible jusqu'au lendemain.

**6** Sortez le gâteau du moule et laissez-le 30 minutes à température ambiante avant de servir.

**7** Au dernier moment, saupoudrez une fine couche de cacao, puis disposez les décors en chocolat.

 **Température du four**
180 °C (350 °F)

 **Cuisson**
10 minutes

 **Ustensile**
Moule rond à bord amovible de 25 cm (10 po), beurré et fariné

 **Portions**
10 à 12

 **Conservation**
3 à 4 jours au réfrigérateur

# Sachertorte

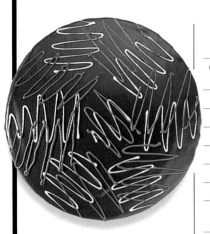

C'est en 1852 que Sacher, le chef autrichien du prince de Metternich, créa cette douceur désormais célèbre, dont la recette fut très longtemps tenue secrète. Un peu plus tard dans le siècle, plusieurs pâtissiers viennois en revendiquèrent la paternité, alimentant un conflit qui dura six ans. Dans cette version, le glaçage en chocolat est légèrement plus amer que le gâteau.

## INGRÉDIENTS

### Pour le gâteau

6 cuillerées à soupe de cacao en poudre tamisé

²/₃ tasse d'eau bouillante

¹/₂ tasse de beurre doux ramolli

³/₄ tasse de sucre superfin

2 œufs légèrement battus

1 cuillerée à thé d'extrait de vanille

¹/₂ cuillerée à thé de sel

1¹/₄ tasse de farine autolevante tamisée

### Pour le glaçage au chocolat

125 g (¹/₂ tasse) de beurre

90 g (3 oz) de chocolat extra-noir

90 g (3 oz) de chocolat noir

1 cuillerée à soupe de sirop de maïs

### Pour le décor

30 g (1 oz) de chocolat blanc

30 g (1 oz) de chocolat au lait

**1** Faites fondre le cacao dans l'eau bouillante. Laissez refroidir à température ambiante.

**2** Travaillez le beurre avec le sucre, jusqu'à ce que le mélange soit mousseux. Incorporez progressivement les œufs et l'extrait de vanille, en ajoutant 1 cuillerée à soupe de farine si la préparation a tendance à coller. Incorporez le cacao et le sel. Préchauffez le four.

**3** Tamisez la farine sur le mélange, un tiers à la fois, et incorporez-la complètement avant d'en ajouter.

**4** Versez la pâte dans le moule et faites cuire 35 à 40 minutes, jusqu'à ce qu'un cure-dent inséré au cœur du gâteau en ressorte sec.

**5** A la sortie du four, laissez le gâteau reposer dans le moule, puis retournez-le sur une grille pour qu'il refroidisse.

**6** Faites fondre ensemble les ingrédients du glaçage (voir page 34). Posez le gâteau sur une grille, au-dessus d'un grand plat. Versez le glaçage et étalez-le en lissant à l'aide d'une spatule, de manière à masquer complètement le gâteau (voir page 49).

**7** Faites fondre séparément les chocolats du décor et mettez-les dans deux poches à douille. Créez un motif à la surface du gâteau et placez au réfrigérateur.

 **Température du four**
180 °C (350 °F)

 **Cuisson**
35 à 40 minutes

 **Ustensile**
Moule rond de 23 cm (9 po) de diamètre, beurré, fariné, le fond tapissé d'un papier ciré

 **Portions**
10 à 12

 **Conservation**
3 à 4 jours au réfrigérateur

 **Congélation**
1 à 2 mois, sans le glaçage

# Diabolo

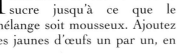

*N'hésitez pas à proposer ce gâteau fondant en fin de repas, il aura beaucoup de succès. Pour apprécier au mieux son goût et son moelleux, veillez à le servir à température ambiante et accompagnez-le d'un bol de crème fouettée.*

### INGRÉDIENTS

#### Pour le gâteau

180 g (6 oz) de chocolat noir râpé (voir page 33)

180 g (12 cuillerées à soupe) de beurre doux coupé en petits morceaux

2 cuillerées à thé d'extrait de vanille

4 œufs, jaunes et blancs séparés

$^1/_2$ tasse de sucre superfin

$^1/_2$ tasse d'amandes pulvérisées

$^1/_4$ tasse de farine tout usage tamisée

1 grosse pincée de sel

1 grosse pincée de crème de tartre

#### Pour le décor

cacao en poudre

sucre glace

feuilles en chocolat (voir page 43)

feuilles naturelles ou en papier

**1** Faites fondre le chocolat avec le beurre (voir page 34), puis ajoutez l'extrait de vanille.

**2** Fouettez les jaunes d'œufs avec $^1/_3$ tasse de sucre, jusqu'à ce qu'ils blanchissent et épaississent. Ajoutez le chocolat fondu encore chaud, puis les amandes pulvérisées, la farine et le sel.

**3** Battez les blancs d'œufs en neige ferme avec la crème de tartre, en saupoudrant le reste du sucre à mi-parcours.

**4** Mélangez 1 cuillerée à soupe de blancs battus au chocolat pour l'alléger, puis incorporez délicatement le reste. Préchauffez le four.

**5** Versez la pâte dans le moule et faites cuire 40 minutes environ. Une pique en bois plantée au cœur du gâteau doit en ressortir encore un peu humide. Laissez le gâteau refroidir dans son moule sur une grille, puis démoulez-le et retournez-le délicatement.

**6** Saupoudrez la surface du gâteau de cacao. Posez les feuilles dessus — elles vont servir de pochoirs — et saupoudrez de sucre glace. Retirez-les, puis disposez celles en chocolat au centre du gâteau.

 **Température du four**
190 °C (375 °F)

 **Cuisson**
40 minutes

 **Ustensile**
Moule à bord amovible de 20 cm (8 po), beurré et tapissé de papier ciré

 **Portions**
10 à 12

 **Conservation**
3 à 4 jours au réfrigérateur

# Gâteau aux amaretti

*Les amaretti, biscuits aux amandes amères, confèrent à ce délicieux gâteau italien toute son originalité. En cuisant, ils s'agglomèrent à la base du gâteau, formant un socle doré croustillant recouvert d'une onctueuse mousse au chocolat.*

### INGRÉDIENTS

180 g (12 cuillerées à soupe) de beurre doux

$^1/_2$ tasse de sucre superfin

4 œufs, blancs et jaunes séparés

$^3/_4$ tasse de farine autolevante tamisée

1 pincée de sel

$1^1/_2$ tasse de biscuits amaretti écrasés

$^1/_2$ tasse de lait entier

60 g (2 oz) de chocolat extra-noir finement râpé (voir page 42)

1 pincée de crème de tartre

sucre glace pour le décor

**1** Travaillez le beurre avec le sucre jusqu'à ce que le mélange soit mousseux. Ajoutez les jaunes d'œufs un par un, en

les incorporant complètement avant d'ajouter le suivant.

**2** Mélangez la farine, le sel et les biscuits. Incorporez-les progressivement, en alternance avec le lait, à la préparation précédente. Ajoutez le chocolat râpé. Préchauffez le four.

**3** Battez les blancs d'œufs en neige ferme avec la crème de tartre. Mélangez-en 1 cuillerée à soupe avec l'appareil précédent et incorporez délicatement le reste.

**4** Versez la pâte dans le moule et faites cuire 45 minutes. Laissez refroidir sur une grille, puis démoulez et saupoudrez de sucre glace.

 **Température du four**
180 °C (350 °F)

 **Cuisson**
45 minutes

 **Ustensile**
Moule à bord amovible de 23 cm (9 po), beurré, le fond tapissé de papier ciré, puis beurré à nouveau et fariné

 **Portions**
8 à 10

 **Conservation**
4 à 5 jours au réfrigérateur

# Gâteau aux marrons et au chocolat

*A mi-chemin entre gâteau et dessert, cette pâtisserie traditionnelle italienne est considérée dans de nombreuses régions comme une confiserie. Elle ne doit pas être servie trop froide, et s'accompagne à merveille de crème fraîche, ou de mascarpone, et de sauce au chocolat.*

## INGRÉDIENTS

*375 g (12 oz) de marrons cuits au naturel*

*⅔ tasse de lait*

*1 tasse de sucre superfin*

*5 œufs, jaunes et blancs séparés*

*100 g (7 cuillerées à soupe) de beurre doux ramolli*

*2 cuillerées à thé d'extrait de vanille*

*¼ cuillerée à thé de sel*

*100 g (3½ oz) de chocolat extra-noir*

*½ tasse d'amandes*

*le zeste de 1 citron râpé*

*1 pincée de crème de tartre*

*sucre glace pour le décor*

**1** Mettez les marrons et le lait dans une casserole, couvrez et portez doucement à ébullition. Retirez du feu et laissez refroidir.

**2** Réservez 3 cuillerées à soupe de sucre et fouettez les jaunes d'œufs avec le reste. Incorporez le beurre, la vanille et le sel.

**3** Broyez finement les amandes avec le chocolat. Ajoutez-les à la préparation précédente.

**4** Travaillez les marrons au mélangeur avec le lait pour les réduire en purée, puis incorporez-les au mélange. Ajoutez le zeste de citron.

**5** Battez les blancs d'œufs en neige avec la crème de tartre. Saupoudrez le sucre réservé et fouettez pendant encore pendant 20 secondes pour les meringuer. Allégez l'appareil aux marrons en y mélangeant 1 cuillerée à soupe de blancs en neige et incorporez délicatement le reste. Préchauffez le four.

**6** Versez la pâte dans le moule et faites cuire 50 minutes au four : une lame de couteau plantée au cœur du gâteau doit en ressortir sèche.

**7** A la sortie du four, décollez le gâteau du moule en glissant une fine lame le long de la paroi. Laissez-le reposer 10 minutes environ puis retournez-le sur une grille pour qu'il refroidisse. Saupoudrez le dessus de sucre glace avant de servir.

  **Température du four**
180 °C (350 °F)

 **Cuisson**
50 minutes

 **Ustensile**
Moule rond de 25 cm (10 po) de diamètre et 3,5 cm (1½ po) de haut, beurré, le fond tapissé de papier ciré, puis beurré à nouveau et fariné

 **Portions**
12 à 16

**Conservation**
2 à 3 jours au réfrigérateur

# Gâteau marbré au fromage

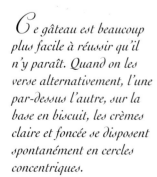

*Ce gâteau est beaucoup plus facile à réussir qu'il n'y paraît. Quand on les verse alternativement, l'une par-dessus l'autre, sur la base en biscuit, les crèmes claire et foncée se disposent spontanément en cercles concentriques.*

## INGRÉDIENTS

**Pour le biscuit de la base**

*3½ tasses de biscuits graham finement écrasés*

*3 cuillerées à soupe de cacao en poudre tamisé*

*2 cuillerées à soupe de cassonade dorée*

*6 cuillerées à soupe de beurre fondu*

**Pour la garniture**

*750 g (1½ lb) de fromage à la crème*

*1 tasse de sucre superfin*

*3 gros œufs*

*150 g (5 oz) de chocolat noir fondu avec ¼ tasse d'eau (voir page 34)*

*2 cuillerées à thé d'extrait de vanille*

**1** Préparez la base : mélangez les biscuits écrasés, le cacao et la cassonade dans un grand bol.

Versez le beurre fondu et fouettez avec une fourchette. Étalez cet appareil au fond du moule (vous pouvez conserver 3 ou 4 cuillerées à soupe de chapelure de biscuit pour en décorer ensuite le pourtour du gâteau). Préchauffez le four.

**2** Faites cuire 10 minutes à 180 °C (350 °F). A la sortie du four, posez le moule sur une grille et laissez refroidir le biscuit ; baissez la température du four à 160 °C (325 °F).

**3** Enlevez délicatement le bord du moule et beurrez-le légèrement. Lorsque le biscuit est refroidi, remettez le bord pour reformer le moule.

 **Température du four**
180 °C (350 °F), puis 160 °C (325 °F)

 **Cuisson**
10 minutes pour la base en biscuit ; 1 h 10 pour le gâteau

 **Ustensile**
Moule rond à bord amovible de 23 cm (9 po) de diamètre et 6 cm (2½ po) de profondeur, beurré sur le pourtour

 **Portions**
12 à 14

 **Conservation**
1 semaine au réfrigérateur

GARNITURE

**1** Mettez le fromage à la crème dans un grand bol. Fouettez-le au batteur électrique, jusqu'à ce qu'il soit bien lisse, puis saupoudrez progressivement le sucre. Ajoutez les œufs entiers l'un après l'autre, en fouettant juste le temps nécessaire pour les incorporer au mélange.

**2** Répartissez la préparation à parts égales dans deux récipients identiques. Versez le chocolat fondu dans l'un d'eux et remuez bien pour obtenir un mélange parfaitement homogène. Incorporez 1 cuillerée à thé d'extrait de vanille dans les deux préparations.

**3** Versez un peu moins de la moitié de l'appareil nature au centre du moule, puis secouez légèrement celui-ci pour étaler régulièrement la crème sur la base de biscuit (photo 1, ci-dessous). Versez la même quantité de fromage chocolaté, toujours au centre du gâteau, et laissez-le s'étaler sans bouger le moule (photo 2, ci-dessous).

**4** Continuez à verser alternativement les deux appareils, en mettant à chaque fois un peu moins de la moitié de ce qui reste, jusqu'à épuisement. Terminez par la préparation nature (photos 3 et 4, ci-dessous). Il doit y avoir quatre cercles clairs et trois foncés.

**5** Placez un bol d'eau chaude sur la grille inférieure du four, et faites cuire le gâteau au-dessus, pendant 1 h 10. La cuisson est terminée quand le centre blanc est juste pris (en refroidissant, le gâteau se raffermira).

**6** Sortez du four, décollez le bord du gâteau de la paroi du moule en glissant une lame fine tout autour, puis laissez-le reposer sur une grille.

**7** Enlevez délicatement le bord du moule et mettez le gâteau au réfrigérateur, jusqu'à ce qu'il soit bien froid. Décollez le fond à l'aide d'une spatule et glissez le gâteau sur le plat de service. Sortez-le suffisamment à l'avance pour le servir à température ambiante.

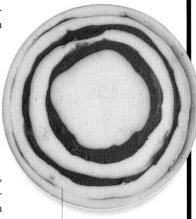

*Le gâteau présente des cercles concentriques clairs et foncés*

## Méthode

**1** *Versez environ la moitié de la préparation nature dans le moule, puis secouez légèrement celui-ci pour étaler la crème régulièrement.*

**2** *Versez doucement le mélange chocolaté au centre : il va repousser la préparation nature, et la première bande claire va se former à l'extérieur.*

**3** *Utilisez une tasse pour mesurer à chaque fois avec précision ce que vous versez.*

**4** *Terminez par un disque clair. Le moule doit être rempli à 2,5 cm (1 po) du bord.*

*Lors de la coupe, on retrouvera l'alternance de couleurs*

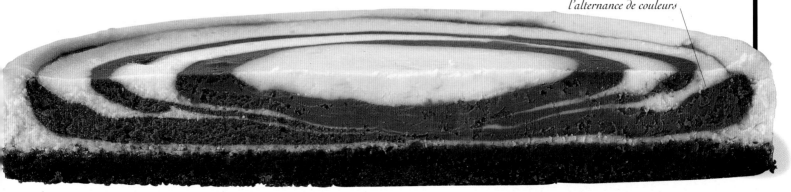

# Gâteau de la Saint-Valentin

*En forme de cœur et décoré de roses, ce gâteau fondant et parfumé fera les délices de l'être cher.*

*Les roses et leurs feuilles sont en pâte d'amande chocolatée*

## INGRÉDIENTS

### Pour le gâteau

*1 portion de pâte du diabolo (voir page 73)*

### Pour la pâte d'amande au chocolat

*2 cuillerées à soupe de cacao en poudre*

*4 à 5 cuillerées à thé d'eau bouillante*

*875 g (1³/₄ lb) de pâte d'amande*

### Pour le décor

*3 cuillerées à soupe de confiture d'abricots, diluée avec 1 cuillerée à soupe d'eau, puis passée*

*4 roses (voir page 48) et 14 feuilles en pâte d'amande chocolatée*

*2 m (2 vg) de ruban de 1 cm (¹/₂ po) de large, épingles de sûreté inoxydables*

**1** Préchauffez le four. Préparez la pâte du diabolo, versez-la dans le moule et faites cuire environ 1 heure : un cure-dent inséré au cœur du gâteau doit en ressortir sec.

**2** Laissez refroidir dans le moule posé sur une grille, puis retournez le gâteau et enlevez le papier ciré.

**3** Faites fondre le cacao dans assez d'eau pour obtenir une pâte lisse et ferme, puis laissez refroidir. Incorporez à la pâte d'amande et travaillez vigoureusement le mélange, jusqu'à ce que sa couleur soit uniforme. Si vous ne l'utilisez pas immédiatement, enveloppez la pâte d'amande dans un film plastique et gardez-la au réfrigérateur.

### MONTAGE

**1** Faites chauffer doucement le glaçage à l'abricot, jusqu'à ce qu'il soit liquide. Posez le gâteau sur le socle en carton, puis recouvrez-le complètement de glaçage.

**2** Réservez le tiers de la pâte d'amande. Sur le plan de travail saupoudré de cacao, étalez le reste de la pâte d'amande en un disque régulier d'environ 26 cm (10¹/₂ po) de diamètre.

**3** Soulevez délicatement la pâte d'amande en l'enroulant sur un rouleau à pâtisserie et posez-la sur le gâteau. A l'aide de vos doigts saupoudrés de cacao, lissez-la bien sur tout le gâteau.

**4** Découpez la pâte d'amande tout autour de la base du gâteau et réservez les chutes.

**5** A l'aide d'un rouleau à pâtisserie, étalez les deux tiers de la pâte d'amande restante, afin d'obtenir un morceau assez grand pour recouvrir le socle.

**6** Retirez très délicatement le gâteau du socle et mettez-le de côté. Couvrez uniformément le socle de pâte d'amande, en procédant de la même manière que pour le gâteau, et coupez régulièrement le tour.

**7** Étalez un peu de glaçage à l'abricot à l'emplacement du gâteau et remettez celui-ci sur son socle.

### DÉCOR

**1** Rassemblez le reste de pâte d'amande et les chutes ; faites-en des roses (voir page 48) et des feuilles. Pour celles-ci, posez de petites feuilles de rosier sur une fine couche de pâte d'amande et pressez légèrement pour imprimer leur empreinte. Découpez ensuite avec la pointe d'un couteau, en suivant les marques, puis incurvez délicatement les feuilles en les posant quelques instants sur votre doigt. Placez ensuite les roses et les feuilles dans un endroit chaud et sec.

**2** Disposez roses et feuilles sur le gâteau, en appuyant légèrement pour les fixer. Placez le ruban autour du socle et maintenez-le avec des épingles.

**Température du four**
180 °C (350 °F)

**Cuisson**
1 heure environ

**Ustensiles**
Moule en forme de cœur de 20 cm (8 po), beurré et tapissé de papier siliconé ; socle en carton épais en forme de cœur, de 25 cm (10 po)

**Portions**
16 à 20

**Conservation**
2 à 3 jours au réfrigérateur

**Conseil**
Préparez le glaçage à l'abricot la veille et la pâte d'amande chocolatée quelques heures avant

# Brownies

*Il existe plus de cent recettes différentes de brownies : celle-ci présente l'avantage d'être rapide à réaliser. Dans la variante marbrée, très facile à faire, les noix ont cédé la place à de l'extrait de vanille.*

### INGRÉDIENTS

$^1/_2$ tasse de beurre demi-sel

$^1/_3$ tasse de cacao en poudre

2 œufs

1 tasse de sucre superfin

$^1/_2$ tasse de farine autolevante

$^3/_4$ tasse de noix décortiquées

**1** Faites fondre le beurre dans une petite casserole à fond épais. Incorporez le cacao et mélangez.

**2** Battez les œufs jusqu'à ce qu'ils soient mousseux, puis ajoutez progressivement le sucre et versez dans la préparation au cacao. Mélangez soigneusement, puis tamisez la farine par-dessus et incorporez-la. Ajoutez les noix grossièrement hachées. Préchauffez le four.

**3** Versez la pâte dans le moule et faites cuire 30 à 35 minutes, jusqu'à ce que le gâteau soit cuit à cœur et souple au toucher. Meilleurs quand ils sont moelleux, les brownies ne doivent surtout pas être trop cuits.

**4** Laissez refroidir, puis démoulez le gâteau en le retournant et coupez-le en cubes. Si vous le souhaitez, vous pouvez le glacer préalablement avec 60 g (2 oz) de chocolat noir fondu (voir page 32).

## VARIANTE
**Brownies marbrés**
Commencez comme pour la recette précédente (paragraphes 1 et 2), en remplaçant les noix par 1 cuillerée à thé d'extrait de vanille.

D'autre part, fouettez $^3/_4$ tasse de fromage à la crème avec 1 œuf entier et $^1/_3$ tasse de sucre superfin ; incorporez $^1/_4$ tasse de farine autolevante et 1 cuillerée à thé d'extrait de vanille.

Versez les trois quarts de la pâte chocolatée au fond du moule, puis étalez l'appareil au fromage. Répartissez le reste de pâte au chocolat par-dessus, cuillerée par cuillerée, en dessinant des spirales à la pointe du couteau pour obtenir l'effet marbré. Faites cuire 35 à 40 minutes : la surface du gâteau doit être souple au toucher.

 **Température du four**
180 °C (350 °F)

 **Cuisson**
30 à 35 minutes

 **Ustensile**
Moule carré de 20 cm (8 po) de côté, le fond tapissé de papier ciré

 **Portions**
16 brownies

 **Conservation**
3 à 4 jours au réfrigérateur

 **Congélation**
1 à 2 mois, sans le glaçage

*Brownies marbrés*

# Brownies blonds

*Ces brownies au goût de caramel sont beaucoup plus légers que dans la version traditionnelle. Comme tous les brownies, ils tendent à se raffermir en refroidissant et ne doivent donc pas être trop cuits. Ils seront encore bien plus moelleux si vous laissez le gâteau refroidir dans le moule.*

### INGRÉDIENTS

$^1/_3$ tasse de sucre granulé

2 cuillerées à soupe d'eau

180 g (12 cuillerées à soupe) de beurre

1 tasse de cassonade dorée

2 œufs légèrement battus

$1^1/_2$ tasse de farine autolevante tamisée

1 grosse pincée de sel

$^3/_4$ tasse de noix hachées

90 g (3 oz) de chocolat noir finement coupé (voir page 32)

**1** Faites fondre doucement le sucre granulé dans une petite casserole à fond épais, jusqu'à ce qu'il caramélise. Remuez la casserole dès qu'il commence à blondir et arrêtez le feu lorsqu'il prend une couleur de caramel foncé. Versez l'eau et mélangez.

**2** Travaillez le beurre pour le ramollir, puis ajoutez progressivement la cassonade, en fouettant jusqu'à ce que le mélange soit mousseux. Incorporez les œufs, puis le caramel.

**3** Tamisez la farine avec le sel, puis incorporez-la au mélange. Ajoutez les noix et le chocolat. Préchauffez le four.

**4** Versez la pâte dans le moule et faites cuire 40 à 45 minutes : un cure-dent inséré au cœur du gâteau doit en ressortir sec. Décollez le bord du gâteau de la paroi du moule en glissant une lame fine tout autour, puis laissez refroidir une dizaine de minutes. Démoulez le gâteau en le retournant et coupez-le en 16 carrés.

 **Température du four**
180 °C (350 °F)

 **Cuisson**
40 à 45 minutes

 **Ustensile**
Moule carré de 20 cm (8 po) de côté, le fond tapissé de papier ciré

 **Portions**
16 brownies

 **Conservation**
3 à 4 jours dans une boîte hermétique

 **Congélation**
2 mois

# Muffins au chocolat

*Ces petits gâteaux fourrés de chocolat, extrêmement moelleux, accompagneront bien une glace à la vanille.*

### INGRÉDIENTS

*¹/₂ tasse de beurre doux*

*¹/₃ tasse de sucre granulé*

*2 cuillerées à soupe de cassonade dorée*

*2 œufs*

*1 cuillerée à thé d'extrait de vanille*

*1¹/₂ tasse de farine à gâteau ou de farine tout usage, avec levure incorporée*

*2 cuillerées à soupe de cacao en poudre*

*¹/₄ cuillerée à thé de sel*

*²/₃ tasse de lait*

*60 g (2 oz) de chocolat noir coupé en carrés de 1 cm (¹/₂ po) de côté*

**1** Travaillez le beurre pour le ramollir. Ajoutez le sucre et la cassonade et fouettez jusqu'à ce que l'ensemble soit mousseux. Battez légèrement les œufs avec l'extrait de vanille, puis incorporez-les au mélange.

**2** Tamisez la farine à deux reprises avec le cacao et le sel. Ajoutez-les à l'appareil précédent, en alternance avec le lait, en mélangeant au fur et à mesure. Préchauffez le four.

**3** Remplissez à moitié chacun des moules, puis disposez quelques petits morceaux de chocolat à la surface et couvrez avec 1 cuillerée de pâte. Versez un peu d'eau au fond des moules, entre la paroi et le papier, pour obtenir une cuisson bien régulière.

**4** Faites cuire environ 20 minutes, jusqu'à ce que les muffins soient bien gonflés et souples au toucher. Démoulez-les et laissez-les refroidir sur une grille.

**Température du four**
190 °C (375 °F)

**Cuisson**
20 minutes

**Ustensiles**
Moules à muffins avec des alvéoles de 2,5 cm (1 po) de profondeur, doublés de caissettes en papier

**Portions**
12 muffins

**Conservation**
3 à 4 jours dans une boîte hermétique, mais les muffins sont meilleurs frais

# Barres aux noisettes

*Il ne faut que quelques minutes pour confectionner ces bouchées fondantes, excellentes à grignoter avec le café… ou entre les repas.*

### INGRÉDIENTS

*¹/₂ tasse de noisettes grillées et mondées (voir page 39)*

*300 g (10 oz) de chocolat noir*

*150 g (10 cuillerées à soupe) de beurre*

*¹/₄ cuillerée à thé de sel*

*150 g (5 oz) de biscuits graham*

**1** Broyez sommairement les noisettes grillées.

**2** Faites fondre le chocolat avec le beurre et le sel à feu très doux ou au bain-marie (voir page 34). Coupez les biscuits graham en morceaux de 1 cm (¹/₂ po). Mélangez-les, ainsi que les noisettes, au chocolat fondu.

**3** Versez le mélange dans le moule, en couche bien uniforme. Laissez tiédir, puis mettez au réfrigérateur pendant au moins 2 heures avant de couper en barres.

### VARIANTE
Remplacez les noisettes par un mélange de noix ou d'amandes, de raisins secs et de gingembre confit râpé.

**Ustensile**
Moule carré de 18 cm (7 po) de côté, tapissé de papier siliconé

**Portions**
14 barres

**Conservation**
1 semaine, bien enveloppées, au réfrigérateur

# Gâteau aux raisins et aux noix

### INGRÉDIENTS

*³/₄ tasse de farine autolevante*

*2 cuillerées à soupe de fécule de maïs*

*¹/₄ cuillerée à thé de levure chimique*

*140 g (9 cuillerées à soupe) de beurre demi-sel*

*¹/₂ tasse de sucre superfin*

*2 œufs*

*1 cuillerée à thé d'extrait de vanille*

*2 cuillerées à soupe de raisins de Smyrne*

*¹/₄ tasse de noix hachées*

*le zeste râpé de ¹/₂ citron*

*40 g (1¹/₂ oz) de chocolat noir coupé en petits morceaux (voir page 32)*

*sucre glace pour le décor*

*Le parfum citronné de ce gâteau s'associe bien au chocolat et aux noix ; servez-le avec le café.*

**1** Tamisez la farine à trois reprises avec la fécule et la levure.

**2** Travaillez le beurre et le sucre, jusqu'à ce que le mélange soit crémeux et léger. Battez légèrement les œufs avec l'extrait de vanille, puis incorporez-les au beurre en fouettant.

**3** Incorporez délicatement la farine à l'appareil précédent, un tiers à la fois, à l'aide d'une grande cuillère métallique, en ne mélangeant pas trop longtemps. Ajoutez les raisins, les noix, le zeste de citron et le chocolat. Remuez doucement pour bien répartir les ingrédients. Préchauffez le four.

**4** Versez la pâte dans le moule et faites cuire au four pendant 45 à 50 minutes, jusqu'à ce qu'un cure-dent inséré au cœur du gâteau en ressorte sec.

**5** Laissez reposer 5 minutes dans le moule, puis retournez le gâteau sur une grille pour qu'il finisse de refroidir. Saupoudrez de sucre glace avant de servir.

 **Température du four**
180 °C (350 °F)

 **Cuisson**
45 à 50 minutes

 **Ustensile**
Moule pour un pain de 500 g (1 lb), beurré, le fond tapissé de papier ciré

 **Portions**
10 tranches

 **Conservation**
4 à 5 jours dans une boîte hermétique

**Congélation**
1 à 2 mois

# Meringues nappées de chocolat

*Les meringues ne sont pas bien difficiles à faire. Nature ou au chocolat, on peut les déguster avec une glace ou des fruits frais, ou encore les garnir de crèmes parfumées.*

### INGRÉDIENTS

*4 blancs d'œufs*

*1 pincée de crème de tartre*

*³/₄ tasse de sucre superfin*

*150 g (5 oz) de chocolat noir fondu (voir page 33)*

*1 tasse de crème à 35 %*

**1** Battez les blancs d'œufs en neige très ferme, avec la crème de tartre, en saupoudrant le sucre au fur et à mesure.

**2** Formez les meringues en moulant les blancs en neige entre deux cuillères à soupe, et posez-les sur les plaques à pâtisserie, en les espaçant de 2 cm (³/₄ po) pour qu'elles ne se collent pas en cuisant. Vous devez obtenir environ 36 meringues. Préchauffez le four.

**3** Faites cuire environ 1 heure. Sortez du four, laissez refroidir, puis détachez délicatement les meringues du papier siliconé.

**4** Faites fondre doucement le chocolat (voir page 33). Trempez-y la base de chaque meringue, puis laissez durcir sur un papier siliconé, côté chocolaté dessus.

**5** Fouettez la crème en chantilly. Assemblez les meringues par paires, en étalant de la chantilly entre deux, puis posez-les sur le côté dans des caissettes en papier.

## VARIANTE
**Meringues au chocolat**
Après avoir monté les blancs en neige, ajoutez-leur 2¹/₂ cuillerées à soupe de cacao en poudre tamisé et ¹/₂ cuillerée à thé d'extrait de vanille, puis mélangez délicatement. Moulez les meringues à l'aide de deux cuillères à soupe et rangez-les sur les plaques à biscuits, ou bien dressez-les avec une poche en nylon munie d'une douille moyenne.

 **Température du four**
120 °C (250 °F)

 **Cuisson**
1 heure

 **Ustensiles**
2 plaques à biscuits recouvertes de papier siliconé

 **Portions**
18 meringues doubles

 **Conservation**
1 à 2 mois dans une boîte hermétique, mais sans chocolat ni garniture

# Profiteroles

*Ce dessert classique est toujours apprécié. Pour changer de la traditionnelle garniture de glace, essayez, comme ici, une crème fouettée parfumée au café.*

## INGRÉDIENTS

### Pour la pâte à choux

*1 tasse de farine tout usage non blanchie*

*5 cuillerées à soupe de beurre doux coupé en petits morceaux*

*³/₄ tasse d'eau*

*¹/₂ cuillerée à thé de sel*

*3 œufs*

### Pour la crème au café

*1¹/₄ tasse de crème à 35 %*

*2 cuillerées à soupe de sucre superfin*

*2 cuillerées à thé de café instantané dissous dans 2 cuillerées à soupe d'eau bouillante*

### Pour la sauce au chocolat

*¹/₃ tasse d'eau*

*2 cuillerées à soupe de beurre*

*150 g (5 oz) de chocolat noir râpé (voir page 32)*

*2 cuillerées à soupe de Grand Marnier*

**1** Tamisez la farine sur un papier ciré. Portez le beurre, l'eau et le sel à ébullition dans une casserole. Hors du feu, ajoutez toute la farine d'un seul coup et remuez énergiquement avec une cuillère en bois pour l'incorporer totalement. Continuez à mélanger à feu très doux, jusqu'à obtention d'une pâte lisse qui n'adhère pas du tout à la casserole (photos 1 et 2, ci-dessous).

**2** Retirez du feu, laissez refroidir un peu, puis ajoutez 2 œufs, en incorporant complètement le premier avant d'ajouter le deuxième. Ajoutez juste assez du troisième œuf pour que la pâte glisse de la cuillère quand on la soulève (photos 3 et 4, ci-dessous). Préchauffez le four.

**3** Versez la pâte dans une poche munie d'une douille lisse de 1 cm (¹/₂ po). Dressez des petites boules de pâte sur la plaque, en les espaçant de 5 cm (2 po). Faites cuire 20 à 25 minutes, puis percez le fond de chaque chou à l'aide d'un cure-dent et remettez à cuire encore 5 minutes, en laissant la porte du four entrouverte.

**4** Préparez la garniture : fouettez la crème, le sucre et le café en chantilly. Coupez chaque chou en deux horizontalement, garnissez de crème la base de chacun d'eux et refermez.

**5** Préparez la sauce au chocolat : faites bouillir l'eau avec le beurre, puis, hors du feu, mettez-y à fondre le chocolat et ajoutez le Grand Marnier. Nappez les choux de cette sauce ou servez-la à part, froide ou chaude.

 **Température du four**
200 °C (400 °F)

 **Cuisson**
25 à 30 minutes

 **Ustensile**
Plaque à biscuits beurrée

 **Portions**
48 profiteroles

 **Conservation**
Les choux non fourrés se conservent pendant 24 heures dans une boîte hermétique

 **Congélation**
2 mois pour les choux nature, que vous rendrez à nouveau croustillants en les passant quelques minutes au four préchauffé à 180 °C (350 °F).

## Confection de la pâte à choux

**1** *Tamisez la farine sur un papier ciré. Mettez le beurre, l'eau et le sel dans une petite casserole à fond épais et faites bouillir rapidement sur feu vif.*

**2** *Retirez du feu et versez la farine d'un seul coup. A feu très doux, remuez vigoureusement à l'aide d'une cuillère en bois, jusqu'à ce que la pâte n'adhère plus aux parois de la casserole.*

**3** *Ajoutez progressivement les œufs à la pâte refroidie, en incorporant complètement le premier avant d'ajouter le deuxième, jusqu'à ce que la pâte soit lisse et brillante.*

# Éclairs au chocolat

### INGRÉDIENTS

**Pour la pâte à choux**

*1 portion de pâte à choux
(voir profiteroles, page ci-contre)*

**Pour le glaçage au chocolat**

*$1/4$ tasse de cacao en poudre*

*2 cuillerées à soupe de sucre superfin*

*5 cuillerées à soupe d'eau*

*$1^1/_2$ tasse de sucre glace*

**Pour la crème pâtissière**

*2 tasses de lait*

*1 gousse de vanille fendue en deux
dans la longueur*

*6 jaunes d'œufs*

*$1/2$ tasse de sucre granulé*

*$1/5$ tasse de farine tout usage tamisée*

*Une pâte à choux légère et croustillante, une crème pâtissière à la vanille et un glaçage au chocolat noir : tous les ingrédients du succès pour ce grand classique, toujours très apprécié des enfants.*

**1** Préparez la pâte à choux comme pour les profiteroles. Mettez-la dans une poche munie d'une douille lisse de 1 cm ($1/2$ po) et dressez 12 bâtonnets de 7 cm (3 po), suffisamment espacés sur la plaque à biscuits. Préchauffez le four.

**2** Faites cuire 20 à 25 minutes, jusqu'à ce que la pâte soit sèche et croustillante. Fendez les éclairs en deux horizontalement lorsqu'ils sont encore très chauds, puis mettez-les à refroidir sur une grille.

**3** Versez le cacao en poudre, l'eau et le sucre du glaçage dans une casserole, et portez à ébullition sans cesser de tourner. Hors du feu, saupoudrez le sucre glace et remuez pour que le mélange soit parfaitement homogène.

**4** Trempez le dessus de chaque éclair dans le glaçage encore chaud ; laissez durcir sur une grille.

## CRÈME PÂTISSIÈRE

**1** Faites bouillir le lait avec la gousse de vanille. Retirez du feu, couvrez et laissez infuser une quinzaine de minutes.

**2** Fouettez les jaunes d'œufs avec le sucre, jusqu'à ce que le mélange blanchisse, puis incorporez la farine. Retirez la vanille du lait et portez de nouveau celui-ci à ébullition.

**3** Hors du feu, versez le lait bouillant sur les œufs, en fouettant. Remettez à feu doux, sans cesser de fouetter, jusqu'à ce que le mélange épaississe, puis laissez mijoter pendant environ 5 minutes pour que la farine cuise.

**4** Laissez refroidir, après avoir couvert d'un film plastique pour éviter la formation d'une pellicule en surface. Garnissez largement la base de chaque petit gâteau, replacez le « couvercle » et servez frais.

**Température du four**
200 °C (400 °F)

**Cuisson**
20 à 25 minutes

**Ustensile**
Plaque à biscuits beurrée

**Portions**
12 éclairs

**Conservation**
Les éclairs sont meilleurs quand ils viennent juste d'être faits

*Empilez les choux en pyramide et nappez-les de sauce au chocolat*

*Les choux sont dressés à la poche à douille*

**4** *N'ajoutez qu'une partie du troisième œuf, environ la moitié, pour obtenir une pâte qui glisse de la cuillère quand on la soulève. Vous pouvez utiliser le reste pour le glaçage.*

# Biscuits

Faire soi-même ses biscuits nécessite un peu de temps, mais – en particulier s'il y entre du chocolat – le résultat en vaut largement la peine. Vous trouverez ici des recettes traditionnelles comme les biscuits grand-mère, des classiques comme les tuiles aux amandes, d'autres qui font la mode, comme les biscottis italiens. Comme les biscuits se conservent fort bien dans une boîte hermétique, n'hésitez pas à en préparer de grandes quantités à l'avance, d'autant plus que vous pouvez cuire ensemble différentes variétés sans aucun inconvénient.

## Florentins

*Plus faciles à réaliser qu'ils n'en ont l'air, ces biscuits d'origine italienne peuvent être recouverts de chocolat blanc ou noir, bien que ce dernier soit plus traditionnel. Pour le plaisir des yeux, vous pourrez les enjoliver d'un motif dessiné sur le chocolat encore mou.*

### INGRÉDIENTS

**Pour les biscuits**

*3 cuillerées à soupe de beurre demi-sel*

*5 cuillerées à soupe de crème à 35 %*

*1/4 tasse de sucre superfin*

*1/4 tasse de noisettes*

*2 cuillerées à soupe d'amandes effilées*

*1/4 tasse de cerises et d'écorces confites hachées en mélange*

*1/4 tasse de farine tout usage*

*1 pincée de sel*

**Pour le glaçage**

*60 g (2 oz) de chocolat blanc*

*60 g (2 oz) de chocolat noir*

**1** Mélangez le beurre, la crème et le sucre dans une casserole et portez à ébullition. Hors du feu, ajoutez les noisettes, les amandes et les fruits confits. Mélangez bien, puis incorporez la farine et le sel. Préchauffez le four.

**2** Déposez de grosses cuillerées à thé de la préparation sur la plaque à biscuits, en les espaçant de 7 cm (3 po). Aplatissez-les avec une fourchette humide.

**3** Faites cuire pendant 10 minutes, jusqu'à ce que le tour des biscuits soit bien doré. Pour les avoir parfaitement ronds, tassez-les brièvement à l'intérieur d'un emporte-pièce rond. Laissez reposer 5 minutes sur la plaque, puis décollez délicatement les biscuits et posez-les sur une grille pour les refroidir.

**4** Faites fondre les chocolats séparément (voir page 33). Recouvrez l'une des faces de chaque biscuit de chocolat et laissez durcir sur une grille. Tracez des vagues avec les dents d'une fourchette sur le chocolat encore un peu mou. Réchauffez légèrement le reste de chocolat et laissez-le couler sur les biscuits en dessinant de fines lignes ou des gouttelettes.

 **Température du four**
180 °C (350 °F)

 **Cuisson**
10 minutes

 **Ustensiles**
2 plaques à biscuits beurrées

 **Portions**
24 pièces

 **Conservation**
1 semaine dans une boîte hermétique

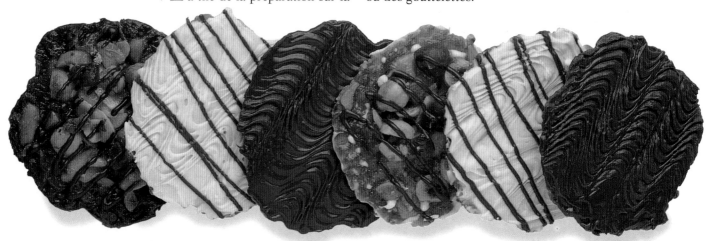

**BISCUITS MAISON**
*Ces petits biscuits sont si bons que le bocal sera rapidement vide. Quant à vous atteler à la tâche, faites-en cuire plusieurs variétés le même jour.*

Florentins
*(voir page ci-contre)*

Sablés roulés
*(voir page 88)*

Biscuits grand-mère
*(voir page 86)*

## Biscuits grand-mère

*Il existe bien des versions de ces biscuits traditionnels. Si vous ajoutez 2 ou 3 cuillerées à soupe d'eau à la pâte, vous obtiendrez des biscuits plus fins et plus croustillants.*

### INGRÉDIENTS

*125 g (¹/₂ tasse) de beurre*

*3 cuillerées à soupe de sucre vanillé*

*¹/₃ tasse de cassonade foncée*

*1 œuf*

*1 cuillerée à thé d'extrait de vanille*

*1 tasse de farine tout usage*

*¹/₂ cuillerée à thé de bicarbonate de soude*

*¹/₂ cuillerée à thé de sel*

*125 g (4 oz) de chocolat noir coupé en tout petits morceaux (voir page 32)*

*¹/₂ tasse de noix hachées*

**1** Travaillez le beurre, ajoutez le sucre et la cassonade, puis fouettez jusqu'à ce que l'ensemble soit léger et crémeux. Battez l'œuf avec l'extrait de vanille ; incorporez au mélange.

**2** Tamisez la farine avec le bicarbonate de soude et le sel, puis incorporez à l'appareil précédent. Ajoutez le chocolat et les noix, puis mélangez. Préchauffez le four.

**3** A l'aide d'une cuillère à thé, déposez sur les plaques des petits tas de pâte suffisamment espacés.

**4** Enfournez une plaque à la fois et faites cuire 10 à 12 minutes, jusqu'à ce que les gâteaux soient dorés. Laissez refroidir sur une grille.

 **Température du four**
180 °C (350 °F)

 **Cuisson**
10 à 12 minutes
par fournée

 **Ustensiles**
2 ou 3 plaques
à biscuits beurrées

 **Portions**
30 biscuits environ

 **Conservation**
1 semaine dans une
boîte hermétique

## Biscuits aux pépites de chocolat blanc

*Ces délicieux petits biscuits croustillants, au léger goût de caramel, sont garnis de pépites de chocolat blanc.*

### INGRÉDIENTS

*¹/₂ tasse de beurre doux*

*¹/₄ tasse de cassonade dorée*

*¹/₃ tasse de cassonade foncée*

*1 œuf*

*1 cuillerée à thé d'extrait de vanille*

*1¹/₂ tasse de farine tout usage*

*¹/₂ cuillerée à thé de bicarbonate de soude*

*¹/₂ cuillerée à thé de sel*

*150 g (5 oz) de chocolat blanc coupé en très petits morceaux (voir page 32)*

*¹/₂ tasse de pacanes hachées*

**1** Travaillez le beurre, ajoutez les cassonades, puis fouettez jusqu'à ce que le mélange soit léger et crémeux. Battez l'œuf avec l'extrait de vanille et incorporez progressivement au mélange.

**2** Tamisez la farine avec le bicarbonate de soude et le sel, puis incorporez à l'appareil précédent. Ajoutez les pacanes et le chocolat, puis mélangez. Préchauffez le four.

**3** Moulez la pâte en petites boules de 3 cm (1¹/₂ po) de diamètre, posez-les sur la plaque en les espaçant de 2,5 cm (1 po), et aplatissez-les avec la main.

**4** Faites cuire 10 à 12 minutes. Laissez reposer, puis mettez à refroidir sur une grille.

 **Température du four**
180 °C (350 °F)

 **Cuisson**
10 à 12 minutes

 **Ustensiles**
2 plaques à biscuits
recouvertes de papier
siliconé

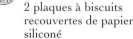 **Portions**
18 pièces

 **Conservation**
1 semaine dans une
boîte hermétique

## Biscuits au beurre d'arachide

*Le beurre d'arachide donne à ces biscuits un goût et une texture que les enfants adorent.*

### INGRÉDIENTS

*¹/₂ tasse de beurre doux*

*¹/₂ tasse de cassonade foncée*

*6 cuillerées à soupe de beurre d'arachide*

*1 œuf*

*1 cuillerée à thé d'extrait de vanille*

*1¹/₂ tasse de farine tout usage*

*¹/₂ cuillerée à thé de bicarbonate de soude*

*¹/₂ cuillerée à thé de sel*

*125 g (4 oz) de chocolat noir coupé en très petits morceaux (voir page 32)*

**1** Travaillez le beurre et la cassonade, jusqu'à ce que le mélange soit crémeux et léger.

Ajoutez le beurre d'arachide, puis incorporez l'œuf légèrement battu avec l'extrait de vanille.

**2** Tamisez la farine avec le bicarbonate de soude et le sel. Incorporez-les au mélange précédent. Ajoutez les morceaux de chocolat en remuant. Préchauffez le four.

**3** Avec une cuillère à thé, déposez sur la plaque des petits tas de pâte espacés de 3 cm (1¹/₂ po). Aplatissez avec une cuillère mouillée. Faites cuire 10 à 12 minutes et laissez refroidir sur une grille.

 **Température du four**
190 °C (375 °F)

 **Cuisson**
10 à 12 minutes

 **Ustensiles**
2 plaques à biscuits beurrées

 **Portions**
18 pièces

 **Conservation**
1 semaine dans une boîte hermétique

## Biscuits au moka

*Vous serez agréablement surpris par ces biscuits croustillants à l'extérieur, mais fondants et moelleux à l'intérieur.*

### INGRÉDIENTS

*325 g (11 oz) de chocolat noir grossièrement coupé (voir page 32)*

*¹/₂ tasse de beurre doux*

*³/₄ tasse de farine tout usage*

*¹/₂ cuillerée à thé de levure chimique*

*¹/₂ cuillerée à thé de sel*

*4 œufs*

*1 tasse de sucre superfin*

*1 cuillerée à soupe de café instantané*

*2 cuillerées à thé d'extrait de vanille*

*1¹/₂ tasse de grains de chocolat mi-amer*

**1** Faites fondre doucement le chocolat et le beurre (voir page 34) ; laissez refroidir.

**2** Tamisez la farine avec la levure et le sel.

**3** Battez les œufs avec le sucre, jusqu'à ce que le mélange blanchisse. Ajoutez le café, l'extrait de vanille, puis le chocolat fondu. Incorporez la farine et mélangez les grains de chocolat. Laissez reposer au réfrigérateur pendant environ 15 minutes. Préchauffez le four.

**4** Déposez sur les plaques des petits tas de pâte (1 cuillerée à soupe rase), espacés de 5 cm (2 po).

**5** Enfournez une plaque à la fois pendant 10 à 12 minutes, jusqu'à ce que les biscuits soient brillants et craquants en surface. Laissez-les refroidir sur la plaque, puis posez-les sur une grille.

 **Température du four**
180 °C (350 °F)

 **Cuisson**
10 à 12 minutes par fournée

 **Ustensiles**
2 ou 3 plaques à biscuits recouvertes de papier siliconé

 **Portions**
32 pièces

 **Conservation**
1 à 2 semaines dans une boîte hermétique

# Sablés au chocolat

*Ces sablés fins et légers fondent dans la bouche. Ils accompagneront très bien les glaces et les salades de fruits.*

### INGRÉDIENTS

**Pour les biscuits**

| |
|---|
| ¹/₃ tasse de sucre superfin |
| 1³/₄ tasse de farine tout usage tamisée |
| 1 pincée de sel |
| ¹/₃ tasse de cacao en poudre tamisé |
| 1 tasse de beurre doux coupé en petits morceaux |

**Pour le glaçage**

| |
|---|
| 125 g (4 oz) de chocolat noir |
| 30 g (1 oz) de chocolat blanc |

**1** Mettez le sucre, la farine, le sel et le cacao dans un grand bol avec le beurre. Mélangez les ingrédients avec les doigts et travaillez jusqu'à l'obtention d'une pâte.

**2** Abaissez la pâte à 5 mm (¹/₂ po) d'épaisseur sur un plan de travail fariné, puis découpez les petits sablés à l'aide d'un emporte-pièce en forme de cœur. Posez-les sur les plaques sans qu'ils se touchent et laissez reposer au frais pendant 1 heure. Préchauffez le four.

**3** Faites cuire environ 45 minutes, jusqu'à ce que les biscuits soient fermes. Laissez refroidir quelques minutes sur les plaques, puis posez les sablés sur une grille.

**4** Faites fondre les chocolats du glaçage séparément. Mettez le chocolat blanc dans un cornet en papier percé d'un trou d'épingle.

**5** Étalez le chocolat noir sur les gâteaux. Avant qu'il soit refroidi, faites couler le chocolat blanc, en traçant des lignes ou des spirales selon le décor que vous souhaitez (voir page 47). Laissez durcir.

 **Température du four**
120 °C (250 °F)

 **Cuisson**
45 minutes

 **Ustensiles**
2 plaques à biscuits recouvertes de papier siliconé

 **Portions**
36 petits sablés

 **Conservation**
1 semaine dans une boîte hermétique, sans le glaçage

# Sablés roulés

*Une fois roulée, la pâte crue se conserve jusqu'à 2 semaines au réfrigérateur. Il ne reste plus alors qu'à la couper et à cuire les biscuits au dernier moment.*

### INGRÉDIENTS

| |
|---|
| 3 tasses de farine tout usage |
| 200 g (14 cuillerées à soupe) de beurre demi-sel |
| 1 tasse de sucre superfin |
| 2 œufs |
| 1 pincée de sel |
| 1 cuillerée à thé d'extrait de vanille |
| 30 g (1 oz) de chocolat noir fondu (voir page 33) |

**1** Tamisez la farine et réservez-la. Travaillez le beurre pour le ramollir, puis ajoutez le sucre en fouettant, jusqu'à ce que l'ensemble soit léger et crémeux. Battez légèrement les œufs avec le sel et l'extrait de vanille, ajoutez-les progressivement au mélange, puis incorporez la farine.

**2** Divisez la pâte en deux. Mélangez le chocolat fondu à l'un des morceaux, puis enveloppez les deux moitiés séparément et laissez 30 minutes au frais.

**3** Abaissez deux rectangles de 7 cm (3 po) de largeur et 5 mm (¹/₂ po) d'épaisseur. Posez celui au chocolat sur l'autre, roulez-les comme un gâteau roulé, puis enveloppez-les en les serrant. Mettez 4 heures au réfrigérateur ou 1 heure au congélateur.

**4** Préchauffez le four. Coupez le rouleau en tranches de 5 mm (³/₈ po) d'épaisseur. Rangez-les sur les plaques et faites cuire 8 à 10 minutes. Posez les sablés encore brûlants sur une surface plane ou une grille.

### VARIANTE

**Sablés au caramel**
Remplacez le sucre par 1¹/₂ tasse de cassonade foncée et supprimez le chocolat. Laissez la pâte en un seul morceau et abaissez un rectangle 7 cm (3 po) de largeur et 1 cm (¹/₂ po) d'épaisseur. Enroulez-le comme ci-dessus et terminez les biscuits en suivant les directives des étapes 3 et 4.

 **Température du four**
190 °C (375 °F)

 **Cuisson**
8 à 10 minutes par fournée

 **Ustensiles**
2 ou 3 plaques à biscuits beurrées

 **Portions**
36 pièces

 **Conservation**
2 semaines dans une boîte hermétique

# Tuiles chocolatées aux noisettes

Vous pouvez façonner ces tuiles en coupelles élégantes pour y servir des fruits ou de la glace. Si vous les préférez plus chocolatées, décorez-les de chocolat fondu à l'aide d'une poche à douille.

## INGRÉDIENTS

$^3/_4$ tasse de noisettes grillées (voir page 39)

$^1/_3$ tasse de sucre superfin

4 cuillerées à soupe de beurre demi-sel

5 cuillerées à thé de cacao en poudre

3 cuillerées à soupe de crème à 35 %

2 cuillerées à soupe de rhum

2 gros blancs d'œufs

$^1/_3$ tasse de farine tout usage

30 g (1 oz) de chocolat noir pour le décor

**1** Hachez grossièrement le tiers des noisettes et broyez finement le reste avec le sucre.

**2** Travaillez le beurre, puis ajoutez le mélange noisettes-sucre, le cacao, la crème fraîche et le rhum. Mélangez les blancs d'œufs, sans trop remuer, puis tamisez la farine et incorporez-la.

**3** Tracez sur chaque plaque 4 ou 5 cercles de 11 cm ($4^1/_2$ po) de diamètre, espacés de 5 cm (2 po).

Versez au centre de chacun d'eux 1 cuillerée à soupe rase de pâte et étalez-la finement avec le dos de la cuillère. Répartissez les noisettes hachées dessus. Préchauffez le four.

**4** Enfournez une plaque à la fois, pendant environ 5 minutes, jusqu'à ce que les tuiles commencent juste à brunir.

**5** Soulevez les tuiles à l'aide d'une spatule et posez-les immédiatement sur un rouleau à pâtisserie (ou un bol retourné si vous désirez des coupelles). Laissez la plaque dans le four entrouvert pour maintenir les tuiles souples et éviter qu'elles ne durcissent avant d'avoir été mises en forme.

**6** Faites fondre le chocolat noir (voir page 33) pour le décor et mettez-le dans un cornet (voir page 46). Tracez des lignes de chocolat sur les tuiles refroidies.

 **Température du four**
220 °C (425 °F)

 **Cuisson**
5 minutes par fournée

 **Ustensiles**
2 plaques à biscuits beurrées et farinées

 **Portions**
16 pièces

 **Conservation**
1 semaine dans une boîte hermétique

# Macarons à la noix de coco

*La noix de coco donne du mordant à ces délicieux macarons. On a décoré ceux-ci en les trempant partiellement dans du chocolat, puis en dessinant un fin motif de couleur contrastante.*

### INGRÉDIENTS

*125 g (4 oz) de chocolat extra-noir*

*2 blancs d'œufs*

*1 pincée de sel*

*¹/₃ tasse de sucre granulé*

*3 tasses de noix de coco râpée*

*1 cuillerée à thé d'extrait de vanille*

*60 g (2 oz) de chocolat blanc et 60 g (2 oz) de chocolat noir pour le décor*

**1** Faites fondre le chocolat extra-noir (voir page 33) et laissez-le refroidir.

**2** Battez les blancs d'œufs en neige ferme avec le sel, en ajoutant 3 ou 4 cuillerées à soupe de sucre à mi-opération. Incorporez le reste de sucre, puis le chocolat, la noix de coco et l'extrait de vanille. Préchauffez le four.

**3** Déposez sur les plaques à biscuits des cuillerées à soupe bien pleines de la préparation, en petits tas espacés de 2,5 cm (1 po). Faites cuire 15 à 18 minutes, jusqu'à ce que les macarons soient secs à l'extérieur et encore mous au centre.

**4** Faites fondre séparément les chocolats du décor (voir page 33). Trempez-y la moitié de chaque macaron, puis laissez durcir sur un papier siliconé.

**5** Mettez le reste des chocolats dans des cornets en papier percés et décorez les macarons.

**Température du four**
150 °C (300 °F)

**Cuisson**
15 à 18 minutes

**Ustensiles**
2 plaques à pâtisserie recouvertes de papier siliconé

**Portions**
24 pièces

**Conservation**
4 à 5 jours dans une boîte hermétique

# Macarons au chocolat

*Les macarons doivent toujours rester moelleux à l'intérieur. Vous pouvez les assembler deux par deux, avec de la confiture de framboises ou de la ganache (voir page 136).*

### INGRÉDIENTS

*2 tasses de sucre glace*

*¹/₄ tasse de cacao en poudre*

*1 tasse d'amandes pulvérisées*

*4 blancs d'œufs*

*2 cuillerées à soupe de sucre superfin*

**1** Tamisez ensemble le sucre glace et le cacao et mélangez les amandes pulvérisées. Battez les blancs d'œufs en neige ferme, en ajoutant le sucre fin à mi-opération. Incorporez très délicatement le mélange aux amandes à l'aide d'une cuiller métallique.

**2** Mettez la préparation dans une poche équipée d'une douille de 1 cm (¹/₂ po). Dressez sur les plaques de petits disques de 2,5 cm (1 po) de diamètre, espacés de 2,5 cm (1 po). Laissez reposer 15 minutes à température ambiante. Préchauffez le four.

**3** Faites cuire 10 à 12 minutes, en laissant la porte du four légèrement entrouverte. Laissez reposer quelques minutes à la sortie du four avant de décoller délicatement les macarons du papier.

**Température du four**
180 °C (350 °F)

**Cuisson**
10 à 12 minutes

**Ustensiles**
2 plaques à biscuits recouvertes de papier siliconé

**Portions**
36 pièces

**Conservation**
3 à 4 jours dans une boîte hermétique

# Sablés chocolatés aux noix

*Vous raffolerez de ces petits sablés tellement fins et fondants. Essayez-les également avec des noix, des noisettes ou des pacanes.*

### INGRÉDIENTS

$1^3/_4$ tasse de farine tout usage

$^1/_8$ cuillerée à thé de sel

$^1/_4$ tasse de cacao en poudre

$^1/_2$ cuillerée à thé de bicarbonate de soude

150 g (10 cuillerées à soupe) de beurre

1 tasse de cassonade foncée

2 cuillerées à soupe de sucre granulé

1 jaune d'œuf

1 cuillerée à thé d'extrait de vanille

$^3/_4$ tasse de noix hachées finement

**1** Tamisez la farine avec le sel, le cacao et le bicarbonate de soude.

**2** Travaillez le beurre, jusqu'à ce qu'il soit crémeux. Ajoutez la cassonade et le sucre, et remuez bien. Mélangez le jaune d'œuf et l'extrait de vanille, puis incorporez la farine et les noix.

Avec vos doigts légèrement farinés, roulez la pâte pour lui donner la forme d'un boudin de 5 cm (2 po) de diamètre.

**3** Enveloppez la pâte dans un film plastique et mettez-la au réfrigérateur pendant 2 heures (ou 1 heure au congélateur), jusqu'à ce qu'elle soit bien ferme.

**4** Préchauffez le four. Avec un couteau à lame très fine, coupez la pâte en tranches de 3 mm ($^1/_8$ po) d'épaisseur et rangez-les sur les plaques. Faites cuire, une plaque à la fois, pendant 8 à 10 minutes.

**5** Décollez les biscuits du papier et laissez-les refroidir sur une grille.

 **Température du four**
190 °C (375 °F)

 **Cuisson**
8 à 10 minutes par fournée

 **Ustensiles**
2 ou 3 plaques à biscuits recouvertes de papier siliconé

 **Portions**
28 pièces

 **Conservation**
1 semaine dans une boîte hermétique

 **Congélation**
La pâte crue se conserve 1 à 2 mois au congélateur

# Biscuits au chocolat et aux amandes

*Dans le nord de l'Italie, on trempe ces petits gâteaux dans le vino santo. Leur goût d'amande s'accorde très bien avec la douceur de ce vin très sucré.*

### INGRÉDIENTS

$^3/_4$ tasse d'amandes

$2^1/_2$ tasses de farine tout usage

1 cuillerée à thé de levure chimique

$^1/_2$ cuillerée à thé de sel

$^3/_4$ tasse de sucre superfin

le zeste de $^1/_2$ orange finement râpé

2 œufs

2 jaunes d'œufs

90 g (3 oz) de chocolat noir coupé en petits morceaux (voir page 32)

1 blanc d'œuf légèrement battu

**1** Étalez les amandes sur une plaque et faites-les griller légèrement au four pendant une dizaine de minutes. Laissez-les refroidir, hachez-en grossièrement la moitié et réservez.

**2** Broyez finement le reste des amandes au mélangeur. Tamisez la farine avec la levure et le sel dans un grand bol, puis ajoutez le zeste d'orange, le sucre et les amandes en poudre ; mélangez. Creusez un puits au centre, mettez-y les œufs entiers

et les jaunes, puis mélangez en ramenant peu à peu la farine vers le milieu, jusqu'à obtention d'une pâte homogène. Incorporez les amandes hachées et le chocolat. Préchauffez le four.

**3** Placez la pâte sur un plan de travail fariné et coupez-la en quatre parts égales, en la manipulant aussi peu que possible. Roulez chaque morceau en un boudin d'environ 23 cm (9 po) de long et 4 cm de diamètre ($1^1/_2$ po). Posez-les assez espacés sur la plaque beurrée, badigeonnez la surface de blanc d'œuf à l'aide d'un pinceau de cuisine et faites cuire 20 minutes. Sortez la plaque du four et baissez la température.

**4** Coupez les rouleaux de pâte en biais, en tranches de 1 cm ($^1/_2$ po) d'épaisseur. Posez-les sur la ou les plaques non beurrées.

**5** Enfournez à nouveau et faites cuire 25 à 30 minutes. Sortez la plaque du four et laissez les biscuits refroidir.

 **Température du four**
190 °C (375 °F), puis 140 °C (275 °F)

 **Cuisson**
20 minutes, puis 25 à 30 minutes

 **Ustensiles**
1 plaque à biscuits beurrée et farinée ; 1 ou 2 plaques à biscuits non beurrées

 **Portions**
40 pièces

 **Conservation**
2 à 3 semaines dans une boîte hermétique

# *Tartes*

Pâtes croustillantes et garnitures moelleuses, toutes ces tartes font de délicieux desserts. Aérienne tarte mousseline nappée de crème, surprenante tarte chocolatée à la banane et au caramel, savoureuse tarte aux poires et au chocolat… les recettes varient à l'infini. Leurs garnitures – poires, pacanes, amandes, fruits rouges, caramel… – s'accordent merveilleusement avec le chocolat. Les glaces et la crème Chantilly, traditionnellement servies avec ces desserts, mettent particulièrement en valeur l'exquise saveur des tartes au chocolat.

## *Mississippi mud pie*

*Cette tarte typique du sud des États-Unis est garnie d'une crème au chocolat subtilement aromatisée au café. La pâte suggérée ici est enrichie d'œufs.*

### INGRÉDIENTS

**Pour la pâte**

*1 portion de pâte de la tarte au chocolat et aux pacanes (voir page 96)*

**Pour la garniture**

*150 g (10 cuillerées à soupe) de beurre doux*

*30 g (1 oz) de chocolat noir coupé en morceaux (voir page 32)*

*6 cuillerées à soupe de cacao en poudre tamisé*

*2 cuillerées à thé de poudre d'expresso instantané*

*3 œufs*

*1 tasse de sucre superfin*

*2 cuillerées à soupe de crème sure*

*3 cuillerées à soupe de sirop de maïs*

*1 cuillerée à thé d'extrait de vanille*

*rouleaux de chocolat noir, blanc et au lait (voir page 43)*

**1** Sortez la pâte du réfrigérateur et laissez-la revenir à température ambiante. Assouplissez-la avec la paume de la main, puis abaissez-la un peu plus finement que pour la tarte au chocolat et aux pacanes. Garnissez-en le moule et mettez au réfrigérateur pendant que vous préparez la garniture.

**2** Préchauffez le four et glissez-y une plaque au niveau du tiers inférieur.

**3** Faites fondre doucement le beurre dans une petite casserole. Hors du feu, incorporez le chocolat, le cacao en poudre et le café en poudre, en remuant jusqu'à ce que tout soit bien fondu.

**4** Fouettez les œufs avec le sucre, jusqu'à ce que l'ensemble soit crémeux et homogène, puis ajoutez la crème sure, le sirop de maïs et l'extrait de vanille. Incorporez le mélange au chocolat.

**5** Tapissez le moule de pâte et versez la garniture. Enfournez sur la plaque chaude et faites cuire 35 à 40 minutes, jusqu'à ce que la garniture gonfle et forme une croûte. Démoulez la tarte et laissez-la refroidir sur une grille : la surface doit s'affaisser légèrement et peut se craqueler.

**6** Au dernier moment, décorez à l'aide des rouleaux de chocolat et servez avec une glace à la vanille.

**Température du four**
180 °C (350 °F)

**Cuisson**
35 à 40 minutes

**Ustensile**
Moule à tarte à bord amovible de 23 cm (9 po) de diamètre et 3,5 cm (1¹/₂ po) de haut, beurré

**Portions**
8 à 10

**Conservation**
2 jours au réfrigérateur

**MISSISSIPPI MUD PIE**
La garniture moelleuse de cette tarte est
constituée de deux couches de chocolats différents,
cuites ensemble dans une pâte sucrée. Le dessus
est décoré de rouleaux de chocolat.

Les rouleaux
composent
un joli décor

La tarte est garnie
d'une crème très
onctueuse

# Tarte mousseuse au chocolat

*La pâte de cette tarte est délicatement parfumée à la noisette, tandis que la crème au chocolat qui compose sa garniture est délicieusement rehaussée d'une touche de cognac ou de rhum.*

### DÉCORATION

*Ce gâteau se craquelle toujours en refroidissant. Saupoudrez-le de cacao en poudre et décorez-le de grands rouleaux de chocolat pour lui redonner un aspect séduisant.*

## INGRÉDIENTS

### Pour la pâte

*¹/₂ tasse de noisettes grillées et mondées (voir page 39), finement broyées*

*1¹/₂ tasse de farine tout usage tamisée*

*2 cuillerées à soupe de sucre superfin*

*125 g (¹/₂ tasse) de beurre demi-sel coupé en petits morceaux*

*1 petit œuf légèrement battu*

*un peu d'eau glacée*

### Pour la garniture

*125 g (4 oz) de chocolat noir*

*4 cuillerées à soupe de beurre*

*2 œufs*

*¹/₂ tasse de sucre superfin*

*2 cuillerées à soupe de farine tout usage*

*4 cuillerées à soupe de crème à 35 %*

*1¹/₂ cuillerée à soupe de rhum ou de cognac*

### Pour le décor

*rouleaux de chocolat (voir page 43)*

*cacao en poudre*

**1** Mettez les noisettes, la farine et le sucre dans un grand bol. Incorporez le beurre en mélangeant avec les doigts, jusqu'à obtention d'un fin granulé. Ajoutez l'œuf battu et, si nécessaire, un peu d'eau, en continuant à mélanger pour obtenir une pâte épaisse qui s'agglomère en petits paquets.

**2** Retournez la pâte sur un plan de travail fariné et roulez-la en boule. Enveloppez-la dans un film plastique et laissez-la reposer pendant au moins 1 heure au réfrigérateur.

**3** Préchauffez le four à 200 °C (400 °F) et glissez-y une plaque au tiers inférieur.

Assouplissez légèrement la pâte, puis étalez-la sur le plan de travail fariné et garnissez-en le moule. Recouvrez le fond de papier ciré et lestez avec des haricots ou des pois secs.

**4** Enfournez sur la plaque chaude et faites cuire 10 minutes. Retirez le papier et les haricots, remettez à cuire pendant 5 à 8 minutes, puis laissez refroidir sur une grille. Baissez la température du four.

**5** Faites fondre le chocolat de la garniture avec le beurre (voir page 34), puis laissez refroidir. Fouettez les œufs avec le sucre pendant une dizaine de minutes, dans un récipient placé au bain-marie, jusqu'à ce que le mélange fasse le ruban. Tamisez la farine à la surface puis incorporez-la. Ajoutez le mélange chocolat-beurre, la crème fraîche et l'alcool.

**6** Versez le mélange dans le fond de tarte et faites cuire sur la plaque chaude pendant 15 minutes. Laissez refroidir sur une grille.

**7** Disposez les rouleaux à la surface du gâteau et saupoudrez un peu de cacao.

### Température du four
200 °C (400 °F), puis 190 °C (375 °F)

### Cuisson
15 à 18 minutes pour le fond de tarte ; 15 minutes pour la garniture

### Ustensile
Moule à tarte à bord amovible de 23 cm (9 po) de diamètre et 3,5 cm (1¹/₂ po) de haut, beurré

### Portions
8

### Conservation
2 jours au réfrigérateur, mais cette tarte est meilleure quand elle vient d'être préparée

# *Tarte mousseline*

**INGRÉDIENTS**

**Pour le fond de tarte**

*2 tasses de grahams écrasés*

*1 tasse de noisettes, de noix ou d'amandes moulues*

*6 cuillerées à soupe de beurre doux fondu*

**Pour la garniture**

*2 cuillerées à thé de gélatine en poudre*

*2 cuillerées à soupe d'eau froide*

*2 œufs, blancs et jaunes séparés*

*1 tasse de sucre superfin*

*1 tasse de lait*

*200 g (7 oz) de chocolat noir coupé en petits morceaux (voir page 32)*

*2 cuillerées à thé d'extrait de vanille*

*1¼ tasse de crème à 35 %*

*1 pincée de sel*

**Pour le décor**

*²/₃ tasse de crème à 35 % fouettée*

*copeaux de chocolat noir (voir page 42)*

*Un fond biscuité et un bavarois au chocolat très allégé par des blancs d'œufs battus composent ce dessert aérien.*

**1** Mettez la chapelure de biscuits et les noisettes dans un grand bol, ajoutez le beurre et mélangez à la fourchette. Versez dans le moule, puis étalez régulièrement le mélange en une fine couche recouvrant le fond et les parois. Préchauffez le four.

**2** Faites cuire 10 minutes, puis laissez refroidir sur une grille et mettez au frais.

**3** Faites ramollir la gélatine dans un bol avec l'eau, puis mettez au bain-marie, en remuant jusqu'à ce qu'elle fonde complètement.

**4** Fouettez les jaunes d'œufs avec ⅓ tasse de sucre. Portez le lait à ébullition, puis versez-le sur les jaunes d'œufs sans cesser de fouetter. Remettez le mélange dans une casserole à feu très doux, en veillant à ne jamais atteindre l'ébullition, et remuez avec une cuillère en bois jusqu'à ce que la crème épaississe et nappe le dos de la cuillère. Retirez du feu et incorporez la gélatine. Ajoutez le chocolat, l'extrait de vanille, et mélangez jusqu'à ce que l'ensemble soit homogène. Laissez refroidir.

**5** Fouettez légèrement la crème fraîche et mélangez-la délicatement à la préparation au chocolat refroidie. Battez les blancs avec le sel en neige ferme, en ajoutant le reste du sucre à mi-parcours. Incorporez-les délicatement à la crème au chocolat, sans trop remuer, mais en veillant à ce que l'ensemble soit parfaitement homogène. Versez dans le fond de tarte et égalisez la surface avec une spatule. Placez au réfrigérateur pendant au moins 2 heures.

 **Température du four**
180 °C (350 °F)

 **Cuisson**
10 minutes

 **Ustensile**
Moule à tarte à bord amovible de 23 cm (9 po) de diamètre et 3,5 cm (1½ po) de haut

 **Portions**
8

 **Conservation**
2 jours au réfrigérateur

 **\* Attention**
Cette recette contient des blancs d'œufs crus (voir page 9)

**DÉCORATION**
*Dressez à la poche à douille des rosettes de crème Chantilly très ferme (voir page 48), disposées en cercle sur la tarte. Quelques copeaux de chocolat noir posés dessus rappelleront le parfum de la garniture.*

# Tarte au chocolat et aux pacanes

### INGRÉDIENTS

#### Pour la pâte

*1¹/₂ tasse de farine tamisée*

*2 cuillerées à soupe de sucre superfin*

*¹/₂ cuillerée à thé de sel*

*100 g (7 cuillerées à soupe) de beurre très froid, coupé en petits morceaux*

*1 jaune d'œuf*

*2 cuillerées à soupe d'eau glacée*

#### Pour la garniture

*4 cuillerées à soupe de beurre*

*2 cuillerées à soupe de cacao en poudre*

*1 tasse de sirop de maïs*

*3 œufs*

*¹/₂ tasse de cassonade foncée*

*2 cuillerées à soupe de rhum*

*2 tasses de pacanes*

*Cette tarte exquise allie les saveurs du chocolat, du rhum et des pacanes.*

**1** Dans un bol, tamisez la farine avec le sucre et le sel. Ajoutez le beurre et mélangez avec les doigts, jusqu'à obtention d'une consistance granuleuse. Versez le jaune d'œuf légèrement battu avec l'eau, puis remuez rapidement, sans trop travailler le mélange, jusqu'à ce qu'il s'agglomère en petites boules.

**2** Formez une boule de pâte, enveloppez-la dans un film plastique et mettez-la 30 minutes au réfrigérateur. Abaissez-la et garnissez-en le moule. Remettez au frais.

**3** Mettez une plaque dans le four et préchauffez celui-ci. Faites fondre doucement le beurre, puis, hors du feu, mélangez le cacao et le sirop de maïs. Battez légèrement les œufs avec le sucre et le rhum ; incorporez-les à la préparation chocolatée. Hachez la moitié des pacanes et ajoutez-les au mélange. Versez dans le moule et répartissez le reste des pacanes en surface.

**4** Faites cuire sur la plaque chaude pendant 35 à 40 minutes, en couvrant avec un papier aluminium si la pâte se colore trop rapidement. Servez chaud ou à température ambiante.

 **Température du four**
180 °C (350 °F)

 **Cuisson**
35 à 40 minutes

 **Ustensile**
Moule à tarte à fond amovible de 24 cm (9¹/₂ po) de diamètre, beurré

 **Portions**
8 à 10

 **Conservation**
2 jours dans une boîte hermétique au réfrigérateur

# Tartelettes chocolatées aux fruits

### INGRÉDIENTS

#### Pour la pâte

*150 g (10 cuillerées à soupe) de beurre demi-sel, coupé en petits morceaux*

*¹/₄ tasse de cassonade foncée*

*3 cuillerées à soupe de cacao en poudre*

*2 tasses de farine tout usage*

*1 petit blanc d'œuf*

#### Pour la garniture et le décor

*¹/₂ tasse de gelée de groseille*

*1 cuillerée à soupe d'eau*

*²/₃ tasse de crème à 35 %, légèrement fouettée*

*750 g (1¹/₂ lb) de fruits rouges*

*feuilles en chocolat (voir page 43)*

*La pâte chocolatée de ces délicieuses tartelettes, garnies de crème et de fruits frais, est extrêmement facile à réaliser, tous les ingrédients sont simplement mélangés dans la casserole.*

**1** Préparez la pâte : faites fondre le beurre à feu très doux dans une petite casserole, avec le sucre et le cacao, en remuant pour rendre le mélange homogène. Retirez du feu, tamisez la farine à la surface, puis incorporez-la. Ajoutez suffisamment de blanc d'œuf pour obtenir une pâte épaisse. Enveloppez celle-ci dans un film plastique et réfrigérez pendant 15 minutes.

**2** Divisez la pâte froide en huit morceaux. Étalez chaque morceau entre deux feuilles de film plastique, puis découpez-les à l'aide d'un emporte-pièce de 10 cm (4 po) de diamètre.

**3** Garnissez les petits moules avec les disques de pâte, piquez le fond avec une fourchette et laissez reposer 15 minutes au froid. Préchauffez le four.

**4** Faites cuire 20 à 25 minutes. Laissez refroidir sur une grille, puis démoulez délicatement les fonds de tartes.

 **Température du four**
180 °C (350 °F)

 **Cuisson**
20 à 25 minutes

 **Ustensiles**
8 moules à tartelettes de 6 cm (2¹/₂ po) de diamètre

 **Portions**
8

 **Conservation**
Bien enveloppés et non garnis, les fonds de tarte se conservent 3 jours

### GARNITURE DES TARTELETTES

Faites fondre doucement la gelée de groseille avec l'eau. Enduisez les fonds de tartes d'une fine couche de ce glaçage. Fouettez la crème en chantilly pas trop ferme, puis étalez-la régulièrement sur les tartelettes à l'aide d'une cuillère. Répartissez les fruits sur la crème et recouvrez-les uniformément de glaçage. Décorez avec les feuilles en chocolat.

*Le glaçage à la groseille donne un aspect brillant aux fruits*

*La couleur des feuilles en chocolat contraste avec celles des fruits*

# Tarte aux poires et au chocolat

*Nombreux sont les desserts qui associent poire et chocolat, car ces deux ingrédients se marient parfaitement. Pour cette tarte, dont la pâte est très délicatement parfumée aux amandes, choisissez des fruits bien mûrs, avec une chair ferme supportant bien la cuisson, comme les comices ou les williams.*

## INGRÉDIENTS

### Pour la pâte

1¹/₂ tasse de farine tout usage

2 cuillerées à soupe de sucre superfin

¹/₄ tasse d'amandes pulvérisées

¹/₂ cuillerée à thé de sel

125 g (¹/₂ tasse) de beurre très froid coupé en petits morceaux

3 à 4 cuillerées à soupe d'eau glacée

### Pour la garniture

4 ou 5 poires, selon leur grosseur

1¹/₂ cuillerée à soupe de sucre superfin

90 g (6 cuillerées à soupe) de beurre

¹/₃ tasse de cacao en poudre

1 œuf

¹/₃ tasse de farine tout usage

³/₄ tasse de sucre granulé

1 cuillerée à thé d'extrait de vanille

sucre glace pour le décor

**1** Préparez la pâte : dans un bol, tamisez la farine avec le sel, le sucre et les amandes. Ajoutez le beurre et mélangez du bout des doigts, jusqu'à obtention d'une consistance granuleuse. Remuez rapidement, sans trop travailler le mélange, en ajoutant juste assez d'eau pour que la pâte s'agglomère en petits paquets.

**2** Formez une boule de pâte, enveloppez-la dans un film plastique et réfrigérez pendant au moins 30 minutes.

**3** Abaissez la pâte sur une surface légèrement farinée, garnissez-en le moule et piquez régulièrement le fond avec les dents d'une fourchette. Remettez au réfrigérateur pendant que vous préparez la garniture. Préchauffez le four.

**4** Épluchez les poires, ôtez le cœur et coupez-les en quatre. Saupoudrez le sucre fin sur le fond de tarte et rangez les poires dessus. Faites cuire pendant 15 minutes, puis sortez du four et posez le moule sur une grille.

**5** Faites fondre le beurre avec le cacao, en remuant pour que le mélange soit bien lisse. Ajoutez l'œuf battu avec le sucre granulé, puis tamisez la farine au-dessus et incorporez-la. Mélangez l'extrait de vanille à la préparation. Versez sur les poires et égalisez soigneusement la surface, à l'aide d'une spatule.

**6** Remettez à cuire pendant 15 à 20 minutes, jusqu'à ce que la garniture soit ferme. Laissez la tarte refroidir sur une grille et saupoudrez légèrement de sucre glace avant de servir.

 **Température du four**
200 °C (400 °F)

 **Cuisson**
15 minutes pour le fond de tarte et les poires ; 15 à 20 minutes avec la garniture

 **Ustensile**
Moule à tarte à fond amovible de 23 cm (9 po) de diamètre, beurré

 **Portions**
8 à 10

 **Conservation**
2 jours au réfrigérateur

# Tarte chocolatée à la banane et au caramel

*Cette tarte peu banale est une étonnante superposition : un fond biscuité, une crème au chocolat recouverte de caramel tendre, puis une couche de bananes fraîches et enfin de la chantilly. Un décor de rouleaux de chocolat couronne l'ensemble.*

## INGRÉDIENTS

### Pour la crème

2 boîtes de 400 ml (14 oz) de lait concentré sucré

150 g (5 oz) de chocolat extra-noir, fondu (voir page 33)

$\frac{1}{2}$ tasse de crème à 35 %

1 cuillerée à thé d'extrait de vanille

### Pour le fond de tarte

4 tasses de biscuits graham écrasés

90 g (6 cuillerées à soupe) de beurre demi-sel fondu

### Pour la garniture et le décor

3 petites bananes mûres

$1\frac{1}{4}$ tasse de crème à 35 %, fouettée

rouleaux de chocolat noir, blanc et au lait (voir page 43)

cacao en poudre

**1** Percez un petit trou dans chacune des boîtes de lait concentré, plongez-les sans les recouvrir dans une casserole remplie d'eau et portez à ébullition. Faites cuire à petits frémissements pendant 2 heures, en couvrant partiellement la casserole et en remettant de l'eau quand c'est nécessaire. Sortez de l'eau et laissez refroidir.

**2** Préparez le fond de tarte : mélangez les biscuits écrasés et le beurre fondu, puis versez dans le moule et étalez régulièrement le mélange, de manière à en recouvrir uniformément le fond et les côtés. Faites cuire 10 minutes au four préchauffé, laissez refroidir sur une grille, puis mettez à durcir au réfrigérateur.

**3** Préparez la crème : fouettez la crème fraîche en chantilly assez ferme, puis incorporez-la au chocolat fondu tiède. Ajoutez l'extrait de vanille. Étalez le mélange en couche régulière dans le fond de tarte et laissez prendre au réfrigérateur.

**4** Ouvrez les boîtes de lait concentré : celui-ci doit avoir pris l'aspect d'un caramel mou. Versez-le dans un grand bol et fouettez-le jusqu'à ce qu'il ressemble à une crème bien lisse. Recouvrez-en la couche chocolatée de la tarte. Remettez au frais.

**5** Coupez les bananes en rondelles et disposez-les sur la couche de caramel. Recouvrez-les de crème fouettée, puis répartissez les rouleaux de chocolat et saupoudrez de cacao.

**Température du four**
180 °C (350 °F)

**Cuisson**
10 minutes

**Ustensile**
Moule à tarte à fond amovible de 23 cm (9 po) de diamètre et 3,5 cm ($1\frac{1}{2}$ po) de haut, beurré

**Portions**
10 à 12

**Conservation**
2 jours au réfrigérateur, sans garniture

**Conseil**
Préparez la crème au caramel la veille et gardez-la au réfrigérateur

# Desserts chauds

Quand on veut oublier les rigueurs d'une triste journée d'hiver, rien n'est plus réconfortant que du bon chocolat chaud, dont le délicieux arôme envahit toute la maison. Les desserts de ce genre sont nombreux, depuis le soufflé aérien parfumé à l'orange jusqu'au somptueux gâteau au chocolat cuit à la vapeur. De fines crêpes fourrées d'une onctueuse crème au chocolat et à l'amande couronneront un dîner raffiné, tandis qu'une fondue au chocolat et au rhum réchauffera l'ambiance d'un repas familial ou entre amis.

## Fondue au chocolat et au rhum

*C'est le dessert préféré des fanatiques de chocolat. Au centre de la table, le caquelon de chocolat fondu est entouré de petits biscuits, de gâteau et de fruits frais. On peut aromatiser la sauce au chocolat avec toutes sortes d'alcools.*

### INGRÉDIENTS

*¹/₂ tasse de sucre superfin*

*¹/₂ tasse d'eau*

*180 g (6 oz) de chocolat extra-noir*

*4 cuillerées à soupe de beurre*

*¹/₄ tasse de rhum*

*gâteau de Savoie, génoise ou quatre-quarts, en cubes de 2 cm (1 po) de côté*

*boudoirs ou autres biscuits*

*fruits frais (fraises, petits dés d'ananas, de poire ou de kiwi, quartiers d'oranges, cerises, etc.)*

**1** Mettez le sucre et l'eau à chauffer dans une casserole sur feu doux, en remuant jusqu'à ce que le sucre soit totalement dissous. Retirez du feu et laissez refroidir ce sirop.

**2** Faites fondre le chocolat avec le beurre (voir page 34). Mélangez-le au sirop.

**3** Au moment de servir, réchauffez la préparation au micro-ondes ou au bain-marie, incorporez le rhum, puis versez dans le poêlon d'un réchaud à fondue. Servez avec les fruits et les gâteaux, que les convives tremperont dans la sauce au chocolat.

REMARQUE : le chocolat doit être réchauffé très doucement à intervalles réguliers. Ne laissez pas le réchaud à fondue tout le temps allumé, sinon la sauce au chocolat chauffera trop et coagulera.

**Portions**
6 à 8

**Conservation**
La sauce au chocolat se conserve 2 jours au réfrigérateur

*Disposez joliment sur le plat les fruits et les gâteaux à tremper dans le chocolat*

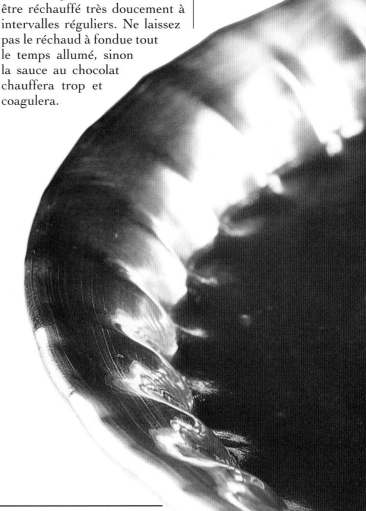

**FONDUE
AU CHOCOLAT
ET AU RHUM**
*Elle se déguste avec
des bouchées de fruits
frais et de gâteaux.*

*dés d'ananas*

*tranches de pomme*

*billes de melon*

*génoise*

*kiwi*

*Les fruits doivent être fermes
pour ne pas se défaire et
tomber de la fourchette*

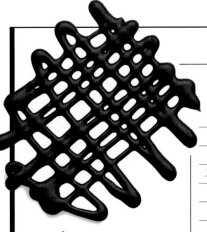

## *Pudding au pain chocolaté*

*Agrémenté de chocolat, de vanille et de crème fraîche, ce régal des enfants séduira également les parents.*

### INGRÉDIENTS

*1 tasse de crème à 35 %*

*1 tasse de lait*

*¹/₄ cuillerée à thé de sel*

*3 cuillerées à soupe de cacao en poudre*

*3 œufs*

*¹/₂ tasse de sucre granulé*

*1 cuillerée à thé d'extrait de vanille*

*3 petits pains au lait*

*2 cuillerées à soupe de beurre ramolli*

1 Mettez le lait, la crème à 35 % et le sel dans une casserole à fond épais, portez doucement à ébullition, puis arrêtez le feu. Tamisez le cacao à la surface et mélangez. Incorporez les œufs battus avec le sucre et ajoutez l'extrait de vanille.

2 Coupez les petits pains en tranches fines et beurrez-les légèrement. Rangez-les dans le moule, qui doit être rempli à ras bord. Versez la crème, en la faisant couler près du bord. Ces opérations peuvent s'effectuer 1 ou 2 heures avant la cuisson.

3 Préchauffez le four. Placez le moule dans un grand plat à gratin contenant suffisamment d'eau pour les immerger à mi-hauteur.

4 Enfournez et faites cuire 40 minutes, jusqu'à ce que la crème ait pris. Si la surface n'est pas croustillante et dorée, passez le pudding quelques instants sous le gril. Accompagnez éventuellement d'un bol de crème épaisse.

**Température du four**
160 °C (325 °F)

**Cuisson**
40 minutes

**Ustensile**
Moule à soufflé de 1 l (4¹/₂ tasses), beurré

**Portions**
6

**Conseil**
Préparez le pudding 1 à 2 heures avant de le faire cuire

## *Soufflé au chocolat*

*Ce soufflé sera bien plus savoureux si vous utilisez un chocolat à haute teneur en cacao. L'alcool d'orange le parfume remarquablement.*

### INGRÉDIENTS

*100 g (3¹/₂ oz) de chocolat noir*

*3 cuillerées à soupe de fécule de maïs*

*1 tasse de lait*

*¹/₂ tasse de sucre superfin*

*3 cuillerées à soupe de Grand Marnier, de Cointreau ou de curaçao*

*2 cuillerées à soupe de beurre coupé en petits morceaux*

*5 blancs d'œufs*

*1 pincée de sel*

*3 jaunes d'œufs*

**Pour servir**

*crème anglaise (voir page 134) ou crème à 35 %, fouettée*

1 Coupez le chocolat en morceaux et faites-le fondre (voir page 33). Réservez.

2 Délayez la fécule dans un peu de lait avant de la mélanger au reste. Versez dans une casserole, ajoutez la moitié du sucre et portez doucement à ébullition, sans cesser de remuer. Laissez bouillir 1 minute, retirez du feu, puis ajoutez le chocolat et la liqueur choisie. Mélangez bien, parsemez le beurre fractionné, puis laissez tiédir.

3 Pendant ce temps, fouettez les blancs d'œufs en neige avec le sel, en ajoutant le reste du sucre à mi-opération, jusqu'à ce qu'ils soient bien fermes et brillants. Préchauffez le four.

4 Mélangez les jaunes d'œufs l'un après l'autre dans l'appareil au chocolat, puis incorporez délicatement les blancs battus, en commençant par alléger la préparation avec 2 cuillerées à soupe.

5 Versez dans le moule et faites cuire pendant 35 minutes au centre du four. Le soufflé doit être bien gonflé, un peu doré en surface, mais encore légèrement crémeux au cœur.

6 Servez sans attendre, car le soufflé retombe très vite. Accompagnez ce savoureux dessert d'un bol de crème anglaise ou de crème fouettée.

**Température du four**
190 °C (375 °F)

**Cuisson**
35 minutes

**Ustensile**
Moule à soufflé de 1 l (4¹/₂ tasses), beurré et légèrement saupoudré de sucre superfin, complété par une collerette de 10 cm (4 po), en papier siliconé, beurré et saupoudré de sucre

**Portions**
4

# Crêpes fourrées au chocolat à l'italienne

*Transformez de simples crêpes en un somptueux dessert, en les fourrant d'une crème au chocolat et à l'amande. Si vous ne souhaitez pas les flamber, elles seront quand même excellentes.*

## INGRÉDIENTS

### Pour les crêpes

| |
|---|
| *1 tasse de farine tout usage* |
| *¹/₄ cuillerée à thé de sel* |
| *3 œufs* |
| *1 tasse de lait* |
| *2 cuillerées à soupe de beurre fondu* |
| *huile pour la poêle* |

### Pour la garniture

| |
|---|
| *1 tasse + 2 cuillerées à soupe de lait* |
| *3 jaunes d'œufs* |
| *¹/₃ tasse de sucre superfin* |
| *¹/₄ tasse de farine tout usage tamisée* |
| *75 g (2¹/₂ oz) de chocolat noir coupé en morceaux (voir page 32)* |
| *1 cuillerée à soupe de liqueur d'amande, comme l'Amaretto di Saronno* |
| *²/₃ tasse de crème à 35 %, légèrement fouettée* |
| *1 tasse de biscuits italiens aux amandes (amaretti), écrasés* |
| *beurre fondu* |
| *sucre pour saupoudrer* |
| *3 à 4 cuillerées à soupe de cognac pour flamber* |

**1** Préparez la pâte à crêpes : tamisez la farine et le sel dans un bol. Creusez un puits au centre, versez-y les œufs et le lait, puis mélangez peu à peu les ingrédients, en commençant par le milieu et en ramenant progressivement la farine vers le centre. Incorporez le beurre fondu. Laissez reposer au moins 20 minutes et ajoutez un peu d'eau si la consistance de la pâte vous semble trop épaisse.

**2** Posez sur feu vif une poêle à crêpes huilée de 23 cm (9 po) de diamètre. Quand elle est bien chaude, versez-y une louche de pâte en inclinant rapidement la poêle dans tous les sens pour la répartir uniformément. Faites cuire jusqu'à ce que la face inférieure soit dorée, puis retournez la crêpe et laissez cuire 10 secondes l'autre côté. Ne versez pas trop de pâte pour la première crêpe et rectifiez la quantité pour la deuxième : en effet, il faut en faire quelques-unes pour que la consistance de la pâte, la quantité utilisée et la chaleur soient parfaites. Empilez les crêpes au fur et à mesure sur une assiette plate.

**3** Préparez la garniture : portez le lait à ébullition. Fouettez les jaunes d'œufs avec le sucre et la farine, puis versez le lait bouillant dessus, sans cesser de fouetter. Remettez le mélange dans la casserole et laissez cuire 2 minutes, en remuant sans arrêt. Retirez du feu, ajoutez le chocolat et la liqueur, puis incorporez la crème fouettée et les biscuits écrasés.

**4** Étalez 1 cuillerée à soupe de garniture sur chaque crêpe. Roulez-les au fur et à mesure, puis alignez-les dans le plat beurré, en plaçant le côté ouvert dessous ; vous pouvez également les plier en quatre et les faire se chevaucher légèrement. Préchauffez le four.

**5** Enduisez la surface de beurre fondu et saupoudrez régulièrement un peu de sucre. Couvrez de papier siliconé et enfournez pendant 15 à 20 minutes. Faites chauffer le cognac, flambez-le et versez-le sur les crêpes. Servez immédiatement.

**Température du four**
180 °C (350 °F)

**Cuisson**
15 à 20 minutes

**Ustensile**
Plat à gratin de 1 l (4¹/₂ tasses), beurré

**Portions**
18 crêpes environ

**Conservation**
2 jours au réfrigérateur pour les crêpes nature ; 2 jours au réfrigérateur pour la garniture seule

**Congélation**
2 mois pour les crêpes nature, en les intercalant avec du papier siliconé ou un film plastique

# Petits puddings au chocolat et à l'orange

*Ces petits puddings individuels sont cuits au four dans un bain-marie, ce qui leur donne une consistance légère.*

## INGRÉDIENTS

le zeste de $^1/_2$ orange finement râpé

100 g ($3^1/_2$ oz) de chocolat noir fondu (voir page 33)

6 œufs, blancs et jaunes séparés

$^1/_4$ tasse de sucre granulé

1 tasse d'amandes pulvérisées

1 tasse de miettes de gâteau au chocolat

1 pincée de sel

**Pour la crème à l'orange**

$1^1/_4$ tasse de crème à 35 %

2 à 3 cuillerées à soupe de sucre superfin

1 à 2 cuillerées à soupe de Cointreau, ou autre liqueur à l'orange

**1** Mélangez le zeste d'orange au chocolat fondu. Fouettez les jaunes d'œufs avec le sucre, ajoutez le chocolat fondu, les amandes et les miettes de gâteau.

**2** Battez les blancs d'œufs en neige ferme avec le sel. Mélangez-en 1 cuillerée à soupe dans l'appareil au chocolat pour l'alléger, puis incorporez délicatement le reste. Préchauffez le four.

**3** Versez la pâte dans les moules et couvrez-les d'un morceau de papier ciré beurré. Placez les moules dans un grand plat à gratin contenant suffisamment d'eau pour les immerger à mi-hauteur.

**4** Enfournez le plat et faites cuire 30 minutes.

**5** Préparez la crème à l'orange : fouettez la crème fraîche en chantilly légère, puis incorporez 2 cuillerées à soupe de sucre et 1 cuillerée à soupe de Cointreau ou de liqueur à l'orange. Goûtez et rajoutez éventuellement un peu de sucre ou/et d'alcool.

**6** Décollez délicatement les puddings des parois des moules en glissant la lame fine d'un couteau tout autour, puis retournez-les sur des assiettes à dessert en en tapotant légèrement le fond. Servez les puddings chauds, nappés d'une grosse cuillerée de crème à l'orange.

 **Température du four**
180 °C (350 °F)

 **Cuisson**
30 minutes

 **Ustensiles**
8 petits moules à pudding de 175 ml ($^3/_4$ tasse), beurrés et saupoudrés de sucre

 **Portions**
8

 **Conservation**
Ces puddings sont meilleurs servis immédiatement

# Gâteau au chocolat à la vapeur

*La farine est remplacée par du gâteau au chocolat réduit en chapelure, ce qui donne à ce dessert une consistance très légère. Vous pouvez le parfumer au gingembre (voir page 105), ou avec votre alcool préféré.*

## INGRÉDIENTS

180 g (6 oz) de gâteau au chocolat

2 cuillerées à thé de cannelle en poudre

90 g (3 oz) de chocolat extra-noir

$^3/_4$ tasse de lait

4 cuillerées à soupe de beurre

$^1/_4$ tasse de sucre superfin

3 œufs, blancs et jaunes séparés

1 cuillerée à thé d'extrait de vanille

1 petite pincée de crème de tartre

**Pour servir**

1 portion de sauce au chocolat amer (voir page 135), ou $^3/_4$ tasse de crème à 35 %, fouettée

**1** Coupez le gâteau au chocolat en morceaux, puis passez-le au mélangeur pour le réduire en chapelure. Mélangez la cannelle.

**2** Faites fondre le chocolat avec le lait (voir page 34), en tournant jusqu'à ce qu'il soit lisse.

**3** Travaillez le beurre avec le sucre. Ajoutez les jaunes d'œufs, l'un après l'autre, en remuant jusqu'à ce que l'ensemble soit homogène. Versez le lait chocolaté sur les miettes de gâteau, mélangez, puis, sans cesser de remuer, incorporez à la préparation beurre-œufs. Ajoutez l'extrait de vanille.

**4** Battez les blancs d'œufs en neige ferme avec la crème de tartre, incorporez-les à l'appareil précédent et versez dans le moule. Posez un papier siliconé en surface, puis recouvrez d'un linge solidement attaché à l'aide d'une ficelle sous le rebord du moule.

 **Cuisson**
1 heure à 1 h 15

 **Ustensile**
Moule à pudding de 1 l ($4^1/_2$ tasses), largement beurré

 **Portions**
6 à 8

Confectionnez une poignée en remontant et en nouant deux des angles du linge, puis découpez le papier siliconé qui dépasse.

**5** Placez un support (une grille ou une assiette retournée) dans le fond d'une grande casserole et versez-y suffisamment d'eau pour que le moule, posé sur le support, soit immergé à mi-hauteur. Portez à petite ébullition, placez le moule dans la casserole, couvrez et laissez cuire 1 heure à 1 h 15.

**6** Sortez délicatement le moule de l'eau, puis enlevez le linge et le papier. Glissez une lame le long de la paroi, puis retournez le gâteau sur une assiette plate.

**7** Au dernier moment, nappez le gâteau de sauce au chocolat amer et servez le reste en saucière, ou bien accompagnez d'un bol de crème fouettée ou de crème anglaise.

### *GÂTEAU AU CHOCOLAT À LA VAPEUR*
*Ce succulent gâteau a un moelleux incomparable. Pour un goût plus épicé, parfumez-le avec du gingembre.*

VARIANTE

**Gâteau au chocolat et au gingembre**
Remplacez la cannelle et l'extrait de vanille par 1 cuillerée à thé de gingembre moulu, 2 cuillerées à soupe de gingembre confit râpé et 1 cuillerée à soupe de sirop de gingembre.

# Desserts froids

Mousses, charlottes, crèmes et bavarois sont des desserts légers et rafraîchissants, idéaux en été. Différents types de chocolats fins s'associent tantôt avec des fruits tantôt avec des alcools – chocolat blanc et citron vert, chocolat noir et rhum ou liqueur d'orange, par exemple –, alliant classicisme et originalité. Dans certains desserts, le délicieux arôme du café rehausse aussi la saveur du chocolat. Des sauces, des crèmes et de nombreuses suggestions de décors élégants confèrent à ces desserts une élégante présentation.

## — *Mousse velours au chocolat* —

*Comme son nom l'indique, cette mousse est particulièrement délicate. Parfaite avec une crème anglaise, elle peut également servir de base à de nombreux autres desserts.*

### INGRÉDIENTS

*150 g (5 oz) de chocolat extra-noir*

*3 œufs, blancs et jaunes séparés*

*5 cuillerées à soupe de beurre coupé en petits morceaux*

*1 cuillerée à soupe de crème de cacao, ou de Tia Maria, ou 2 cuillerées à thé d'extrait de vanille*

*1 blanc d'œuf*

*1 pincée de sel*

*1 portion de crème anglaise (voir page 134)*

*chocolat noir fondu (voir page 33) pour le décor*

**1** Faites fondre le chocolat (voir page 33). Pendant qu'il est encore chaud, incorporez les jaunes d'œufs, l'un après l'autre. Ajoutez le beurre et, quand le mélange est bien lisse, la liqueur ou l'extrait de vanille.

**2** Fouettez les 4 blancs d'œufs en neige ferme avec le sel. Mélangez-en 1 cuillerée à soupe dans la préparation au chocolat, pour l'alléger, puis incorporez délicatement le reste.

**3** Versez dans le plat, couvrez et laissez prendre au réfrigérateur pendant environ 4 heures.

**4** Répartissez la crème anglaise dans des assiettes à dessert. Moulez des quenelles de mousse à l'aide d'une cuillère très chaude (trempée dans de l'eau bouillante, puis essuyée) et disposez-les en étoile sur la crème. Décorez en laissant couler d'un cure-dent en bois un filet de chocolat fondu.

 **Ustensile**
Moule à gratin ou plat creux de 20 cm (8 po)

 **Portions**
6

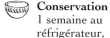 **Conservation**
1 semaine au réfrigérateur, couverte

\* **Attention**
Cette recette contient des blancs d'œufs crus (voir page 9)

Délice marbré
*(Voir page 47)*

### VARIANTE
**Délice marbré**
Superposez en alternance de la mousse velours et des vagues en chocolat noir marbré de blanc (voir page 47).

**DÉLICE MARBRÉ**
Couches de mousse onctueuse entre des feuilles croquantes de chocolat blanc et noir, ce dessert porte bien son nom.

Formez les vagues de chocolat sur le manche d'une cuillère en bois

La mousse au chocolat est intercalée entre de fines plaques, ondulées, de 7 cm (3 po) de côté

# Mousse au chocolat blanc et au citron vert

*Dans cette mousse toute simple, la douceur et l'onctuosité du chocolat blanc contrastent très agréablement avec la légère acidité du citron vert, plus parfumé que le citron jaune.*

### INGRÉDIENTS

$1^1/_2$ cuillerée à thé de gélatine en poudre

2 cuillerées à soupe d'eau froide

250 g (8 oz) de chocolat blanc coupé en morceaux (voir page 32)

$^2/_3$ tasse de crème à 35 %

5 cuillerées à soupe de jus de citron vert

le zeste de 1 citron vert

2 blancs d'œufs

1 pincée de sel

2 cuillerées à thé de sucre superfin

zestes de citron vert pour le décor

**1** Versez l'eau dans un bol, saupoudrez la gélatine et laissez-la tremper 5 minutes. Faites-la fondre au bain-marie.

**2** Faites fondre doucement le chocolat (voir page 33). Fouettez la crème en chantilly légère et mélangez-en une grosse cuillerée au chocolat. Ajoutez la gélatine, le zeste et le jus de citron, puis incorporez le reste de la chantilly.

**3** Fouettez les blancs en neige avec le sel, jusqu'à obtention d'une consistance bien ferme, en saupoudrant le sucre 30 secondes avant la fin. Incorporez-les délicatement au chocolat.

**4** Répartissez la mousse dans les petits ramequins – ou laissez-la dans son récipient. Mettez au frais pendant 4 à 6 heures. Servez dans les ramequins ou répartissez la mousse à la cuillère dans des coupelles en tuile chocolatées aux noisettes (voir page 89). Décorez avec des zestes de citron vert.

 **Ustensiles**
6 ramequins (facultatif)

 **Portions**
6

 **Conservation**
2 jours au réfrigérateur

 **Attention**
Cette recette contient des blancs d'œufs crus (voir page 9)

# Charlotte au chocolat

*L'alliance du chocolat et du café renouvelle avec bonheur ce grand classique.*

### INGRÉDIENTS

180 g (6 oz) de chocolat extra-noir

150 g (10 cuillerées à soupe) de beurre coupé en petits morceaux

6 cuillerées à soupe de cacao en poudre

2 œufs

$^1/_3$ tasse de sucre superfin

1 à 2 cuillerées à soupe de rhum blanc

$1^1/_4$ tasse de crème à 35 %, fouettée

1 petite tasse de café très fort

325 g (11 oz) environ de boudoirs

**1** Faites fondre le chocolat (voir page 33). Ajoutez-y le beurre et le cacao pendant qu'il est encore chaud.

**2** Fouettez les œufs avec le sucre dans un récipient au bain-marie, jusqu'à ce qu'ils fassent le ruban. Incorporez délicatement le chocolat, le rhum et la crème fouettée.

**3** A l'aide d'un pinceau de cuisine, imbibez de café la face plate des boudoirs, puis tapissez-en le fond et les côtés du moule, en les recoupant quand c'est nécessaire et en plaçant le côté imbibé vers l'intérieur. Versez la mousse au chocolat dans le moule, couvrez d'un film plastique et mettez au réfrigérateur jusqu'au lendemain.

**4** Une heure avant de servir, retournez la charlotte sur un plat et laissez-la à température ambiante.

 **Ustensile**
Moule à charlotte de 17 cm ($6^1/_2$ po) de diamètre et de 1,5 l ($6^1/_2$ tasses), tapissé d'un film plastique dépassant du rebord

 **Portions**
10

 **Conservation**
3 à 4 jours au réfrigérateur

 **Attention**
Cette recette contient des œufs presque crus (voir page 9)

# Mousses au chocolat aux biscuits amaretti

*Un décor très simple – quelques miettes de biscuit écrasé – suffit à agrémenter ces délicieuses petites mousses individuelles.*

### INGRÉDIENTS

*150 g (5 oz) de chocolat noir*

*2 cuillerées à soupe de café très fort*

*2 cuillerées à soupe de rhum ou de cognac*

*1 cuillerée à soupe de cacao en poudre*

*4 œufs, blancs et jaunes séparés*

*²/₃ tasse de crème à 35 %, fouettée*

*1 tasse de biscuits italiens aux amandes (amaretti), écrasés*

**1** Faites fondre le chocolat avec le café, l'alcool et le cacao (voir page 34), en remuant pour obtenir une crème bien lisse. Incorporez les jaunes d'œufs l'un après l'autre dans le mélange encore chaud.

**2** Battez les blancs d'œufs en neige ferme. Mélangez-en le quart à la préparation au chocolat, pour l'alléger, puis incorporez délicatement le reste. Ajoutez la crème fouettée en remuant doucement.

**3** Enveloppez une grosse cuillerée de biscuits écrasés dans un film plastique et réservez pour le décor.

**4** Répartissez le reste des biscuits dans le fond des ramequins, puis remplissez-les de mousse. Mettez au réfrigérateur pendant 2 à 3 heures. Au moment de servir, parsemez la surface de chapelure de biscuit.

 **Ustensiles**
8 ramequins

 **Portions**
8

 **Conservation**
2 jours au réfrigérateur

 **Congélation**
2 mois

**\*** **Attention**
Cette recette contient des œufs presque crus (voir page 9)

---

# Soufflés glacés au chocolat

*La crème fraîche fouettée, le chocolat noir, le cacao amer et le Grand Marnier font de ces petits soufflés de savoureux desserts.*

### INGRÉDIENTS

*¹/₄ tasse de cacao en poudre*

*60 g (2 oz) de chocolat noir coupé en morceaux (voir page 32)*

*¹/₂ tasse d'eau*

*¹/₃ tasse de sucre superfin*

*2 blancs d'œufs*

*2 cuillerées à soupe de Grand Marnier ou de rhum blanc*

*1¹/₄ tasse de crème à 35 %, fouettée*

*rouleaux de chocolat pour le décor (voir page 43)*

**1** Faites fondre le cacao et le chocolat avec 4 cuillerées à soupe d'eau (voir page 34).

**2** Faites fondre le sucre avec le reste de l'eau dans une petite casserole à fond épais, portez à ébullition et laissez bouillir sans remuer, jusqu'à ce que le sirop atteigne le petit boulé (115 °C/ 240 °F). Entre-temps, montez les blancs d'œufs en neige ferme.

**3** En remuant sans cesse, versez le sirop bouillant en filet régulier sur les blancs d'œufs. Continuez à fouetter pendant une dizaine de minutes, jusqu'à

ce que le mélange épaississe et refroidisse.

**4** Incorporez délicatement le chocolat aux blancs d'œufs, puis ajoutez l'alcool et la crème fouettée. Répartissez dans les moules et mettez au congélateur pendant au moins 3 heures.

**5** Sortez les soufflés du congélateur et laissez-les au réfrigérateur pendant 1 h 30 avant de les servir. Retirez la collerette de papier et disposez les rouleaux de chocolat.

 **Ustensiles**
4 ramequins, garnis d'une collerette en papier siliconé dépassant de 3,5 cm (1¹/₂ po) du rebord

 **Portions**
4

 **Congélation**
2 semaines, complètement enveloppés

**\*** **Attention**
Cette recette contient des blancs d'œufs presque crus (voir page 9)

# Bavarois meringués au chocolat

*Ce dessert original et raffiné est une astucieuse combinaison de deux recettes classique : le bavarois et la meringue.*

## INGRÉDIENTS

### Pour les meringues

*1 portion de meringue au chocolat (voir page 81)*

### Pour la garniture et le décor

*1 portion de bavarois au chocolat (voir ci-dessous)*

*²/₃ tasse de crème à 35 %, fouettée*

*¹/₂ tasse de framboises*

*rouleaux de chocolat striés (voir page 43)*

**1** Mettez l'appareil à meringue dans une poche munie d'une douille de 5 mm (¹/₄ po).

**2** Faites adhérer le papier siliconé aux angles de la plaque par quatre petits morceaux de beurre. Dressez la meringue en spirale à l'intérieur des cercles dessinés sur le papier.

**3** Faites cuire 1 heure à 1 h 30, jusqu'à ce que la meringue soit croquante. Détachez les disques du papier et laissez refroidir sur une grille.

**4** Préparez le bavarois, versez-le dans le moule et laissez-le prendre au réfrigérateur.

**5** Démoulez le bavarois sur un papier ciré et enlevez le papier siliconé. A l'aide d'un emporte-pièce, découpez huit disques de 7 cm (3 po) de diamètre dans le bavarois. Recouvrez chaque disque d'une couche de crème fouettée et prenez-le en sandwich entre deux meringues. Décorez d'un peu de crème, de quelques framboises et de petits rouleaux striés de chocolat.

  **Température du four**
120 °C (250 °F)

 **Cuisson**
1 heure à 1 h 30

 **Ustensiles**
2 plaques à biscuits, recouvertes d'une feuille de papier siliconé marquée de huit cercles de 7 cm (3 po) de diamètre, espacés de 1 cm (¹/₂ po) ; moule rond peu profond de 28 cm (11 po) de diamètre, le fond tapissé de papier siliconé

 **Portions**
8

 **Conservation**
2 jours au réfrigérateur

# Bavarois en turban

*Le bavarois s'associe à une génoise à la vanille et au chocolat.*

## INGRÉDIENTS

### Pour la génoise

*1¹/₄ tasse de farine tout usage*

*2 cuillerées à soupe de cacao en poudre*

*6 œufs, blancs et jaunes séparés*

*¹/₂ cuillerée à thé d'extrait de vanille*

*³/₄ tasse de sucre superfin*

*¹/₄ tasse de sucre glace*

*2 cuillerées à soupe de marmelade, chauffée avec 1 cuillerée à soupe d'eau*

### Pour le bavarois

*³/₄ cuillerée à soupe de gélatine en poudre*

*4 cuillerées à soupe de jus d'orange*

*³/₄ tasse de lait*

*3 œufs, blancs et jaunes séparés*

*¹/₃ tasse de sucre superfin*

*2 cuillerées à soupe de cacao en poudre tamisé*

*60 g (2 oz) de chocolat extra-noir coupé en très petits morceaux (voir page 32)*

*1 pincée de sel*

*¹/₃ tasse de crème à 35 %, légèrement fouettée*

*2 cuillerées à soupe de liqueur à l'orange*

### Pour le décor

*rouleaux de chocolat blanc (voir page 43)*

*zestes confits (voir page 127)*

**1** Préparez la génoise : tamisez ¹/₂ tasse de farine avec le cacao sur une feuille de papier ciré. Tamisez le reste de la farine sur une autre feuille.

**2** Réservez 2 cuillerées à soupe de sucre. Fouettez les jaunes d'œufs avec le reste du sucre et l'extrait de vanille, jusqu'à ce que le mélange fasse le ruban.

**3** Battez les blancs d'œufs en neige, en saupoudrant le sucre réservé 1 minute avant la fin.

**4** Mélangez d'abord 1 cuillerée de blancs aux jaunes d'œufs, puis incorporez délicatement le reste. Avant que les blancs soient complètement incorporés, versez la moitié de la préparation dans un second bol. Mélangez la farine nature dans l'un des récipients, et la farine au cacao dans l'autre.

**5** Mettez les deux préparations dans deux poches munies d'une douille lisse de 1 cm (¹/₂ po). Préchauffez le four.

 **Température du four**
220 °C (425 °F)

 **Cuisson**
7 à 8 minutes

 **Ustensiles**
Plaque à biscuits de 30 x 38 cm (12 x 15 po), beurrée, farinée et recouverte d'un papier ciré ; moule rond à bord amovible de 23 cm (9 po) de diamètre et 6 cm (2¹/₂ po) de haut

 **Portions**
8

**Conservation**
2 jours au réfrigérateur

**✳ Attention**
Cette recette contient des blancs d'œufs crus (voir page 9)

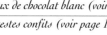

Dressez la pâte en diagonale sur la plaque, en bandes alternées de génoise nature ou au chocolat (photo 1, ci-dessous). Saupoudrez de sucre glace à deux reprises, à 5 minutes d'intervalle.

**6** Faites cuire 7 à 8 minutes. Laissez reposer quelques instants sur la plaque, puis retournez la génoise et enlevez le papier ciré (photo 2, ci-dessous).

## MONTAGE DU BAVAROIS

**1** Mesurez et découpez deux bandes de génoise pour les côtés du moule, et un disque pour le fond (photo 3, ci-dessous). Placez-les dans le moule (photo 4, ci-dessous) et enduisez-les de confiture.

**2** Faites tremper la gélatine pendant 5 minutes dans le jus d'orange, puis faites-la fondre au bain-marie.

**3** Portez le lait à ébullition dans une casserole. Fouettez les jaunes d'œufs avec 4 cuillerées à soupe de sucre et le cacao. Sans cesser de fouetter, versez le lait bouillant sur le mélange, puis remettez dans la casserole et faites cuire à feu extrêmement doux, en remuant toujours, jusqu'à ce que la crème épaississe suffisamment et qu'elle nappe la cuillère.

**4** Hors du feu, ajoutez le chocolat et la gélatine. Battez les blancs d'œufs en neige ferme avec le sel, en saupoudrant le reste du sucre 30 secondes avant la fin. Incorporez-les à la crème au chocolat.

**5** Mettez le récipient de crème dans de l'eau glacée et remuez de temps en temps. Quand la préparation commence à prendre, incorporez la crème fouettée et la liqueur.

**6** Versez le bavarois dans le moule et mettez au réfrigérateur pendant au moins 4 heures. Démoulez et décorez de rouleaux de chocolat blanc et de zestes confits.

*Une génoise rayée sert de fond au bavarois*

# *Réalisation de la génoise*

*1* Pour dessiner les rayures, dressez des bandes alternées de génoise nature et de génoise au chocolat en diagonale sur la plaque.

*2* Enlevez délicatement le papier de cuisson, en le saisissant par un des angles opposés à vous, puis en tirant doucement.

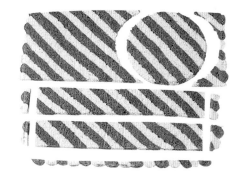

*3* Coupez des bandes de 6 cm (2¹/₂ po) de large pour les côtés ; le disque du fond doit être légèrement plus petit que le fond du moule rond.

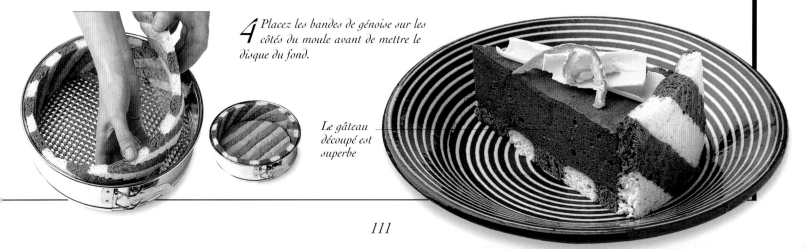

*4* Placez les bandes de génoise sur les côtés du moule avant de mettre le disque du fond.

*Le gâteau découpé est superbe*

# Mont-blanc

*Dans cette variante, la garniture du mont-blanc est onctueuse, tandis que sa base est croustillante.*

### INGRÉDIENTS

**Pour les meringues**

*2 blancs d'œufs*

*1 pincée de crème de tartre*

*¹/₂ tasse de sucre superfin*

*¹/₂ cuillerée à thé d'extrait de vanille*

**Pour la crème**

*500 g (1 lb) de marrons cuits au naturel*

*1¹/₄ tasse de lait*

*2 cuillerées à soupe de sucre superfin*

*180 g (6 oz) de chocolat noir coupé en morceaux (voir page 32)*

*1 cuillerée à thé d'extrait de vanille*

*1¹/₄ tasse de crème à 35 %, fouettée*

*60 g (2 oz) de chocolat noir râpé (voir page 42)*

**1** Préparez l'appareil à meringue (voir page 81) et dressez 10 disques sur la plaque, en procédant comme pour les bavarois meringués au chocolat (voir page 110).

**2** Faites mijoter doucement les marrons dans le lait et le sucre pendant 10 minutes. Réduisez-les en purée avec le chocolat et l'extrait de vanille, en les passant au mélangeur ou dans un moulin à légumes à grosse grille.

**3** Mettez la préparation dans une poche munie d'une douille lisse de 3 mm (¹/₈ po), en rajoutant un peu de lait si elle vous semble trop épaisse. Dressez-la sur le pourtour de chaque meringue, en lui donnant la forme d'un nid. Remplissez le centre de crème fouettée et saupoudrez de chocolat râpé. Placez au réfrigérateur jusqu'au moment de servir.

## VARIANTE

Supprimez les meringues et passez les marrons dans un moulin à légumes à grosse grille, directement sur le plat de service. Dès que celui-ci est rempli à ras bord de purée, travaillez en élevant petit à petit le moulin avec un mouvement circulaire, de manière à former un cône. Couvrez de crème fouettée et parsemez de chocolat râpé.

 **Température du four**
120 °C (250 °F)

**Cuisson**
1 heure à 1 h 30

**Ustensiles**
2 plaques à pâtisserie, recouvertes d'une feuille de papier siliconé et marquées chacune de cinq cercles de 7 cm (3 po) de diamètre, espacés de 1 cm (¹/₂ po)

**Portions**
10

**Conservation**
La purée de marrons se conserve 2 jours au réfrigérateur, le dessert terminé 3 à 4 heures au réfrigérateur

# Petits pots au moka et au chocolat

*Sobrement décorées d'une rosette de crème fouettée surmontée d'un grain de café en chocolat, ces petites crèmes seront à croquer…*

### INGRÉDIENTS

**Pour les petits pots au moka**

*1¹/₄ tasse de crème à 15 %*

*2 cuillerées à soupe de café moulu*

*60 g (2 oz) de chocolat noir coupé en morceaux (voir page 32)*

*1 cuillerée à soupe de sucre superfin*

*4 jaunes d'œufs*

**Pour les petits pots au chocolat**

*1¹/₄ tasse de crème à 35 %*

*180 g (6 oz) de chocolat noir coupé en morceaux (voir page 32)*

*1 cuillerée à thé d'extrait de vanille*

**1** Préparez les pots au café : portez doucement à ébullition la crème et le café, retirez du feu, remuez quelques instants et filtrez. Incorporez le chocolat et le sucre, en fouettant pour obtenir une crème lisse.

Sans cesser de fouetter, ajoutez les jaunes d'œufs un à un. Préchauffez le four.

**2** Répartissez la crème dans quatre pots et immergez ceux-ci aux deux tiers de leur hauteur dans un plat à gratin rempli d'eau. Couvrez de papier aluminium, enfournez et faites cuire environ 30 minutes, jusqu'à ce que la crème prenne. Laissez refroidir et mettez au réfrigérateur pendant 30 minutes.

**3** Préparez les pots au chocolat : portez la crème à ébullition, retirez du feu, incorporez le chocolat en fouettant et ajoutez l'extrait de vanille. Répartissez la crème dans quatre pots, laissez refroidir et placez pendant au moins 3 heures au réfrigérateur.

 **Température du four**
150 °C (300 °F)

**Cuisson**
30 minutes

**Ustensiles**
8 ramequins ou pots à crème en porcelaine

**Portions**
8

**Conservation**
2 jours au réfrigérateur, couverts

# Bavarois aux trois parfums

*Nul besoin de décor pour cet élégant dessert, qui se suffit à lui-même. Accompagnez-le simplement de quelques biscuits – des tuiles chocolatées aux noisettes (voir page 89), par exemple.*

## INGRÉDIENTS

| |
|---|
| *25 g (3 enveloppes) de gélatine en poudre* |
| *8 cuillerées à soupe d'eau froide* |
| *1 l (4¹/₂ tasses) de lait* |
| *8 jaunes d'œufs* |
| *¹/₂ tasse de sucre superfin* |
| *60 g (2 oz) de chocolat noir coupé en morceaux (voir page 32)* |
| *2 cuillerées à thé d'extrait de vanille* |
| *3 cuillerées à soupe de sucre granulé* |
| *1¹/₂ tasse de crème à 35 %, fouettée* |

**1** Mettez la gélatine à tremper pendant 5 minutes dans un bol avec 6 cuillerées à soupe d'eau, puis faites-la fondre en plaçant le récipient dans une casserole d'eau chaude.

**2** Portez le lait à ébullition dans une grande casserole. Fouettez les jaunes d'œufs avec le sucre fin, jusqu'à ce qu'ils blanchissent. Versez le lait bouillant sur le mélange, en fouettant toujours, puis versez la préparation dans la casserole. Faites cuire à feu extrêmement doux, en restant très en dessous de la température d'ébullition, sans cesser de remuer jusqu'à ce que la crème épaississe et nappe le dos d'une cuillère. Retirez du feu et incorporez la gélatine.

**3** Répartissez la crème en quantités égales dans trois bols. Mélangez le chocolat dans le premier et l'extrait de vanille dans le deuxième.

**4** Faites fondre doucement le sucre granulé dans une petite casserole à fond épais, jusqu'à ce qu'il caramélise, en remuant la casserole quand il commence à prendre couleur. Retirez du feu le caramel juste brun : plus clair, il n'aurait pas assez de goût, mais, s'il était trop cuit, il deviendrait amer. Ajoutez le reste de l'eau, remettez à fondre sur le feu, puis mélangez le caramel à la crème, dans le troisième bol.

**5** Quand la crème à la vanille a bien refroidi, placez le bol dans de l'eau glacée pour qu'elle épaississe un peu. Incorporez le tiers de la crème fouettée.

## RÉALISATION

**1** Passez le moule sous l'eau froide, égouttez-le pour qu'il soit à peine humide, puis versez-y la crème à la vanille. Mettez à prendre au réfrigérateur ou au congélateur.

**2** Placez le bol de crème au caramel dans de l'eau glacée et, quand elle commence à épaissir, incorporez la moitié de la crème fouettée qui reste. Étalez-la sur la crème à la vanille déjà prise, mais pas trop ferme. Remettez le moule au réfrigérateur ou au congélateur.

**3** En procédant comme précédemment, incorporez le reste de crème fouettée à la crème au chocolat, puis étalez-la sur celle au caramel.

## PRÉSENTATION

Trempez le moule quelques secondes dans de l'eau très chaude. Glissez un couteau à lame fine sur le pourtour, puis retournez le bavarois sur le plat de service, en tapant sur le fond du moule pour l'aider à se décoller. Découpez avec un grand couteau et aidez-vous d'une spatule pour ne pas briser les tranches en servant.

## CONSEIL

Si vous utilisez un moule métallique, tapissez-le d'un film plastique pour éviter qu'il ne donne un goût à la crème.

**Ustensile**
Moule à charlotte (ou autre) de 2 l (9 tasses)

**Portions**
12

**Conservation**
2 jours au réfrigérateur, couvert

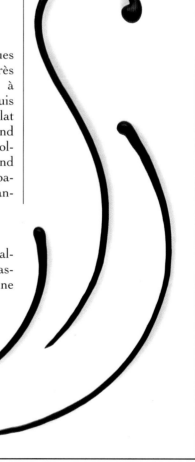

# *Terrine aux trois chocolats*

*Ce dessert original, aux textures contrastées, ne saurait manquer de surprendre vos convives.*

## INGRÉDIENTS

### Pour le biscuit

| |
|---|
| 4 cuillerées à soupe de beurre |
| 3 cuillerées à soupe de cacao en poudre |
| 1 œuf |
| $\frac{1}{3}$ tasse de sucre superfin |
| $\frac{1}{2}$ cuillerée à thé d'extrait de vanille |
| $\frac{1}{4}$ tasse de farine tout usage |

### Pour la crème au chocolat blanc

| |
|---|
| 1 cuillerée à thé de gélatine en poudre |
| 6 cuillerées à soupe d'eau froide |
| 2 cuillerées à soupe de sirop de maïs |
| 250 g (8 oz) de chocolat blanc coupé en morceaux (voir page 32) |
| 2 jaunes d'œufs |
| 1 pincée de sel |
| $1\frac{1}{4}$ tasse de crème à 35 % |

### Pour la crème au chocolat noir

| |
|---|
| $1\frac{1}{2}$ cuillerée à thé de gélatine en poudre |
| 3 cuillerées à soupe d'eau froide |
| 150 g (5 oz) de chocolat noir |
| 2 œufs, blancs et jaunes séparés |
| 2 cuillerées à soupe de rhum |
| 1 pincée de sel |
| $\frac{1}{3}$ tasse de crème à 35 % |

**1** Préparez le biscuit : faites fondre doucement le beurre et ajoutez le cacao. Fouettez l'œuf avec le sucre, puis mélangez à la préparation avec l'extrait de vanille.

**2** Tamisez la farine et incorporez-la. Préchauffez le four. Versez la pâte dans le moule carré et faites cuire 20 minutes. Glissez une lame le long des parois, laissez refroidir et démoulez sur une grille.

**3** Coupez deux rectangles de biscuit aux dimensions du second moule, et placez-en un dans le fond.

**4** Préparez la crème au chocolat blanc ; mettez la gélatine à tremper pendant 5 minutes dans un bol avec 2 cuillerées à soupe d'eau, puis faites-la fondre dans un bain-marie chaud.

**5** Portez le reste de l'eau à ébullition avec le sirop de maïs. Hors du feu, mélangez le chocolat et la gélatine. Quand la crème est bien lisse, ajoutez les jaunes d'œufs et le sel.

**6** Fouettez légèrement la crème fraîche et incorporez-la au mélange précédent. Versez dans le moule, sur le biscuit, égalisez la surface et posez le second rectangle de biscuit par-dessus. Laissez prendre au réfrigérateur pendant environ 1 heure.

**7** Préparez la crème au chocolat noir : mettez la gélatine à tremper pendant 5 minutes dans l'eau, puis faites-la fondre au bain-marie.

**8** Faites fondre le chocolat noir (voir page 33). Incorporez les jaunes d'œufs et le rhum pendant qu'il est encore chaud. Ajoutez la gélatine. Battez les blancs d'œufs en neige ferme avec le sel, puis ajoutez-les à la préparation. Fouettez légèrement la crème et mélangez-la délicatement.

**9** Étalez régulièrement cette mousse dans le moule, couvrez d'un film plastique et mettez au réfrigérateur pendant environ 8 heures, pour que l'ensemble soit bien ferme.

## PRÉSENTATION

**1** Démoulez en saisissant le film plastique tapissant le moule et retirez délicatement celui-ci, puis découpez la terrine en tranches fines.

**2** Accompagnez éventuellement d'une sauce au chocolat amer (voir page 135).

**Température du four**
180 °C (350 °F)

**Cuisson**
20 minutes

**Ustensiles**
Moule carré de 20 cm (8 po) de côté, beurré et fariné ; moule à pain de 25 × 11 cm (10 × 4$\frac{1}{2}$ po), tapissé d'un film plastique dépassant des rebords

**Portions**
10 à 12

**Conservation**
2 à 3 jours au réfrigérateur, couvert

**Congélation**
2 mois

# Mousse « noir et blanc » aux noisettes

Deux belles mousses au chocolat sont associées à une meringue croustillante aux noisettes : un dessert original et savoureux.

## INGRÉDIENTS

### Pour la meringue

1 tasse de noisettes grillées et mondées (voir page 39)

1 cuillerée à soupe de farine tout usage

¹/₄ tasse de sucre superfin

2 blancs d'œufs

1 pincée de crème de tartre

### Pour les mousses au chocolat

1¹/₂ cuillerée à thé de gélatine en poudre

6 cuillerées à soupe d'eau froide

150 g (5 oz) de chocolat blanc

2 jaunes d'œufs

1 pincée de sel

180 g (6 oz) de chocolat extra-noir

90 g (6 cuillerées à soupe) de beurre doux coupé en petits morceaux

1 cuillerée à thé d'extrait de vanille

1¹/₄ tasse de crème à 35 %, légèrement fouettée

**1** Préparez la meringue. Broyez finement les noisettes avec la farine et la moitié du sucre. Battez les blancs d'œufs en neige ferme avec la crème de tartre, en ajoutant le reste du sucre à mi-opération. Ajoutez les noisettes, puis étalez uniformément le mélange dans le moule plat. Préchauffez le four.

**2** Faites cuire 20 minutes. Passez un couteau sur tout le pourtour et laissez reposer 5 minutes. Retournez la meringue sur une grille, retirez le papier et laissez refroidir.

**3** Mettez la gélatine à tremper pendant 5 minutes avec 4 cuillerées à soupe d'eau, puis faites-la fondre au bain-marie.

**4** Faites fondre le chocolat blanc (voir page 33). Pendant qu'il est encore chaud, mélangez un jaune d'œuf, le sel, la moitié de la gélatine et le reste de l'eau. Mettez au réfrigérateur.

**5** Faites fondre le chocolat noir (voir page 33). Pendant qu'il est encore chaud, mélangez le beurre, le reste de la gélatine, le second jaune d'œuf et l'extrait de vanille. Mettez quelques instants au réfrigérateur.

**6** Incorporez la moitié de la crème fouettée au chocolat blanc et le reste au chocolat noir.

**7** Coupez deux bandes de meringue aux dimensions du moule rectangulaire et mettez-en une dans le fond. Étalez uniformément la crème au chocolat noir par-dessus, puis posez le second rectangle de meringue et terminez par une couche régulière de crème au chocolat blanc. Couvrez d'un film plastique et mettez au réfrigérateur pendant au moins 5 heures.

**8** Démoulez la mousse, en saisissant le film tapissant le moule, puis coupez-la en tranches. Servez avec un coulis de framboise (voir page 137), que vous décorez avec quelques framboises fraîches.

**Température du four**
180 °C (350 °F)

**Cuisson**
20 minutes

**Ustensiles**
Moule peu profond de 30 x 20 cm (12 x 8 po), tapissé d'un papier siliconé ; moule à pain à charnière de 25 x 7 cm (10 x 3 po), tapissé d'un film plastique dépassant des rebords

**Portions**
10

**Conservation**
3 jours au réfrigérateur

**Congélation**
1 à 2 mois pour les mousses

**Conseil**
Préparez la meringue jusqu'à 1 semaine à l'avance, et conservez-la dans une boîte hermétique

# *Marquise au chocolat blanc*

*Cette génoise nappée d'une onctueuse mousse au chocolat blanc constitue un excellent dessert estival.*

### INGRÉDIENTS

**Pour la génoise**

| |
|---|
| $3/4$ tasse de farine tout usage |
| 1 pincée de sel |
| 3 œufs |
| $1/3$ tasse de sucre superfin |
| 1 cuillerée à thé d'extrait de vanille |
| 3 cuillerées à soupe de beurre fondu |

**Pour la mousse**

| |
|---|
| 1 cuillerée à thé de gélatine en poudre |
| 7 cuillerées à soupe d'eau froide |
| 2 cuillerées à soupe de sirop de maïs |
| 300 g (10 oz) de chocolat blanc coupé en morceaux (voir page 52) |
| 1 pincée de sel |
| 3 jaunes d'œufs |
| $1^1/_2$ tasse de crème à 35 % |

**1** Préparez la génoise : tamisez la farine avec le sel à trois reprises. Cassez les œufs dans un bol, et incorporez progressivement le sucre, en fouettant au batteur électrique. Placez le récipient dans une casserole d'eau chaude et continuez à fouetter pendant environ 8 minutes, jusqu'à ce que le mélange ait doublé de volume.

**2** Tamisez la farine sur les œufs, un tiers à la fois, et incorporez-la délicatement au mélange. Ajoutez l'extrait de vanille et le beurre fondu. Préchauffez le four.

**3** Versez dans le moule et faites cuire 35 minutes. Passez un couteau sur le pourtour, laissez reposer 5 minutes, puis retournez le gâteau sur une grille pour qu'il refroidisse. Recoupez-le aux dimensions du second moule.

**4** Préparez la mousse : mettez la gélatine à tremper pendant 5 minutes dans 2 cuillerées à soupe d'eau, puis faites-la fondre au bain-marie.

**5** Portez le reste de l'eau à ébullition avec le sirop de maïs. Hors du feu, mélangez le chocolat, le sel et la gélatine. Quand la crème est bien lisse, ajoutez les jaunes d'œufs.

**6** Incorporez au mélange la crème légèrement fouettée. Versez dans le moule et recouvrez avec le gâteau. Laissez prendre au réfrigérateur jusqu'au lendemain.

**7** Démoulez la marquise en la retournant. Coupez en tranches et servez avec une sauce au chocolat amer (voir page 135).

**\* Attention**
Cette recette contient des jaunes d'œufs crus (voir page 9).

**Température du four**
180 °C (350 °F)

**Cuisson**
35 minutes

**Ustensiles**
Moule carré de 20 cm (8 po) de côté, beurré et fariné ; moule à pain de 22 x 10,5 cm ($8^3/_4$ x $4^1/_4$ po), tapissé d'un film plastique

**Portions**
10

---

# *Cornets au chocolat*

*Pour que ces cornets restent croustillants, garnissez-les au dernier moment, par exemple avec des fruits frais et de la chantilly. Une garniture très originale est proposée à la fin de la recette.*

### INGRÉDIENTS

| |
|---|
| $1/4$ tasse de sirop de maïs |
| 4 cuillerées à soupe de beurre |
| $1/4$ tasse de sucre superfin |
| $1/3$ tasse de farine tout usage tamisée |
| 2 cuillerées à soupe de cacao tamisé |
| 1 cuillerée à soupe de jus de citron |

**1** Faites fondre le beurre avec le sirop et le sucre. Ajoutez la farine et le cacao tamisés, puis le jus de citron. Préchauffez le four.

**2** Déposez 5 cuillerées à soupe bien pleines du mélange sur chaque plaque et laissez-les s'étaler d'elles-mêmes. Faites cuire 7 à 8 minutes, une plaque à la fois.

**3** Laissez tiédir 2 minutes, puis façonnez rapidement les disques en cornets sur des cônes métalliques ou en papier ; laissez-les refroidir.

## SUGGESTION DE GARNITURE
Mélangez 250 g (1 tasse) de mascarpone, 2 cuillerées à soupe de café sucré très fort et $2/3$ tasse de crème à 35 %.

**Température du four**
190 °C (375 °F)

**Cuisson**
7 à 8 minutes par plaque

**Ustensiles**
2 plaques à biscuits recouvertes d'un papier siliconé

**Portions**
10 cornets

**Conservation**
2 à 3 jours dans une boîte hermétique

# Dôme aux deux chocolats

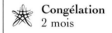

*Les tranches
sont superbes*

## INGRÉDIENTS

### Pour le biscuit

*¹/₂ tasse de farine autolevante*

*¹/₄ tasse de cacao en poudre*

*3 œufs*

*¹/₃ tasse de sucre superfin*

### Pour la garniture à l'abricot

*1 cuillerée à thé de gélatine en poudre*

*³/₄ tasse d'eau froide*

*²/₃ tasse d'abricots secs*

*²/₃ tasse de crème à 35 %*

### Pour la mousse au chocolat blanc

*425 g (14 oz) de chocolat blanc*

*¹/₂ tasse d'eau froide*

*2¹/₂ tasses de crème à 35 %*

*2 à 3 cuillerées à soupe de lait*

**1** Préparez le biscuit : tamisez la farine et le cacao à trois reprises. Fouettez les œufs avec le sucre au-dessus d'une casserole d'eau chaude, jusqu'à ce que le mélange épaississe et fasse ruban.

**2** Tamisez la farine sur les œufs, un quart à la fois, en la mélangeant au fur et à mesure. Versez dans le moule et égalisez la surface. Préchauffez le four.

**3** Faites cuire 12 à 15 minutes. Laissez reposer 1 à 2 minutes, puis retournez le biscuit sur un papier siliconé légèrement saupoudré de sucre. Ôtez le papier de cuisson, retournez-le sur le gâteau et posez le moule dessus. Laissez reposer ainsi pendant au moins 10 minutes.

**4** Préparez la garniture à l'abricot : mettez la gélatine à tremper pendant 5 minutes avec 2 cuillerées à soupe d'eau, puis faites-la fondre au bain-marie.

**5** Faites cuire les abricots à feu très doux avec le reste de l'eau, à couvert, jusqu'à ce qu'ils soient tendres et qu'il ne reste plus d'eau. Passez-les au mélangeur avec la gélatine,

*De
fines tranches de
biscuit roulé au chocolat
recouvrent une mousse au
chocolat blanc : un dessert
raffiné pour une grande
occasion.*

pour les réduire en purée, puis ajoutez la crème et mélangez.

## RÉALISATION

**1** Coupez le biscuit en deux dans le sens de l'épaisseur, posez-le sur un papier siliconé et retournez délicatement l'étage supérieur. Enduisez de purée d'abricots les deux faces coupées, puis roulez les deux gâteaux en longueur. Enveloppez-les dans du papier siliconé et mettez-les quelques heures au congélateur.

**2** Coupez les gâteaux roulés encore glacés en tranches de 5 mm (¹/₄ po) d'épaisseur. Tapissez-en le moule, en serrant bien les tranches les unes contre les autres. Il doit rester suffisamment de gâteau pour recouvrir la mousse.

**3** Préparez la mousse : faites fondre le chocolat avec l'eau (voir page 34) et laissez refroidir. Fouettez légèrement la crème et incorporez-la au chocolat refroidi, un tiers à la fois, en ajoutant un peu de lait si le mélange semble trop épais.

**4** Remplissez le moule de mousse au chocolat blanc. Disposez le reste des tranches de biscuit roulé dessus, puis rabattez le film dépassant du moule pour envelopper complètement le gâteau. Serrez bien. Mettez au réfrigérateur pendant au moins 4 heures avant de servir.

**Température du four**
200 °C (400 °F)

**Cuisson**
12 à 15 minutes

**Ustensiles**
Moule à biscuit de 31 x 24 cm (12¹/₂ x 9¹/₂ po), recouvert de papier siliconé ; moule sphérique de 2 l (9 tasses), tapissé d'un film plastique dépassant largement des rebords

**Portions**
14 à 18

**Conservation**
2 jours au réfrigérateur

**Congélation**
2 mois

# Glaces

Les glaces sont une tradition très ancienne en Italie. Elles ne furent découvertes en France qu'au XVIᵉ siècle, avec l'arrivée de Catherine de Médicis, qui introduisit à la cour les entremets glacés. Au XVIIᵉ siècle, elles avaient gagné l'Angleterre. A Londres comme à Paris, c'était la mode des cafés où l'on vendait des crèmes glacées. Préparées à la maison avec du lait, de la crème et des œufs frais, les glaces d'aujourd'hui n'ont rien perdu de leur attrait et sont toujours appréciées des gourmets, petits et grands.

## Crème glacée au chocolat et au praliné

*Le praliné rend cette délicieuse crème glacée au chocolat légèrement croquante, mais si vous préférez les glaces de consistance crémeuse, vous pouvez aisément le supprimer.*

### INGRÉDIENTS

100 g (3¹/₂ oz) de praliné (voir page 51)

**Pour la crème glacée**

180 g (6 oz) de chocolat noir

2 tasses de lait

5 jaunes d'œufs

¹/₂ tasse de sucre superfin

1¹/₄ tasse de crème à 35 % légèrement fouettée

**1** Préparez d'abord le praliné et réservez-le. Faites fondre le chocolat (voir page 33) et laissez-le refroidir.

**2** Dans une casserole à fond épais, portez le lait au point d'ébullition. Fouettez les jaunes d'œufs avec le sucre, jusqu'à ce qu'ils blanchissent, puis versez le lait bouillant dessus, en fouettant toujours.

**3** Reversez le tout dans la casserole et faites cuire à feu doux, en restant très en dessous de la température d'ébullition, et en tournant avec une cuillère en bois jusqu'à ce que la crème nappe le dos de la cuillère.

**4** Mélangez le chocolat à la crème et versez l'ensemble dans un bol. Laissez refroidir au réfrigérateur, puis incorporez la crème fouettée. Travaillez la glace en sorbetière. Ou bien, à défaut de sorbetière, placez la préparation au congélateur jusqu'à ce qu'elle soit ferme en dessous et sur les pourtours. Avant qu'elle soit tout à fait prise, incorporez le praliné.

### PRÉSENTATION
Vous pouvez servir les boules de glace dans des coupelles en chocolat noir (voir page 44) et décorer à la douille (voir page 46). Parsemez éventuellement quelques copeaux de feuille d'or.

**Portions**
6 à 8

**Congélation**
2 à 3 mois

*Le chocolat noir fondu se travaille facilement*

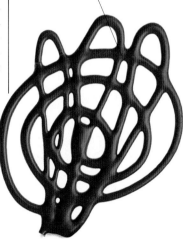

Quelques paillettes
de feuilles d'or seront
du plus bel effet

**CRÈME GLACÉE AU CHOCOLAT ET AU PRALINÉ**
*Préparée à partir d'une crème anglaise, cette glace est
excellente. On peut en faire un dessert somptueux en
la présentant dans des coupelles en chocolat.*

Les motifs du décor
sont réalisés en
chocolat noir

# Bouchées glacées enrobées de chocolat

*Ces bouchées sont idéales pour finir un reste de glace.*

### INGRÉDIENTS

*1 portion de crème glacée au chocolat et au praliné (voir page 118) ou de crème glacée au chocolat blanc (voir ci-dessous) ou un mélange des deux*

*250 g (8 oz) de chocolat noir*

**1** Recouvrez la plaque à biscuits d'un papier siliconé et mettez-la au congélateur pendant 10 minutes. A l'aide d'une cuillère à melon, formez de 24 à 30 petites boules de glace et posez-les sur la plaque glacée.

**2** Remettez la plaque au congélateur pendant 2 à 3 heures, jusqu'à ce que les boules de glace soient très dures.

**3** Faites fondre la moitié du chocolat (voir page 33) et laissez-le tiédir. Roulez la moitié des boules dedans, l'une après l'autre. Posez-les au fur et à mesure sur la plaque et remettez celle-ci aussi vite que possible au congélateur.

**4** Répétez l'opération avec les autres boules de glace et le reste de chocolat.

 **Ustensile**
Plaque à biscuits recouverte d'un papier siliconé

 **Portions**
8

# Crème glacée au chocolat blanc

*Pour présenter au mieux cette superbe crème glacée immaculée, servez-la dans des coupelles en chocolat noir (voir page 44) et décorez de motifs en chocolat réalisés à l'aide d'un cornet en papier (voir page 46).*

### INGRÉDIENTS

*375 g (12 oz) de chocolat blanc*

*3¹/₂ tasses de lait*

*⁵/₄ tasse de sucre granulé*

*3 œufs*

**1** Faites fondre le chocolat avec 6 cuillerées à soupe de lait (voir page 34). Dans une casserole à fond épais, portez le reste du lait à ébullition avec la moitié du sucre.

**2** Fouettez les œufs avec le reste du sucre, jusqu'à ce qu'ils blanchissent et épaississent légèrement. En continuant à fouetter, versez le lait bouillant en filet régulier sur le mélange, puis remettez le tout dans la casserole. Faites cuire à feu très doux, sans atteindre la température d'ébullition, en remuant avec une cuillère en bois, jusqu'à ce que la crème épaississe et nappe le dos de la cuillère.

**3** Retirez la casserole du feu et mélangez le chocolat. Faites refroidir en plaçant le récipient contenant la crème dans de l'eau glacée et en remuant de temps en temps.

**4** Faites prendre la préparation en sorbetière ou au congélateur (voir page 118) et gardez-la congelée dans un contenant fermé jusqu'au moment de servir.

 **Portions**
8 à 10

 **Congélation**
2 à 3 mois

# Sorbet au chocolat

*Bien plus léger qu'une crème glacée, ce sorbet est délicieux avec des petits biscuits, telles les tuiles chocolatées aux noisettes (voir page 89).*

### INGRÉDIENTS

*2 tasses d'eau*

*¹/₂ tasse de sucre granulé*

*¹/₂ tasse de cacao en poudre*

*60 g (2 oz) de chocolat extra-noir coupé en morceaux (voir page 32)*

**1** Mettez tous les ingrédients dans une casserole et portez à ébullition, en remuant de temps en temps. Laissez refroidir.

**2** Faites prendre la préparation en sorbetière ou , à défaut, au congélateur (voir page 118) pendant environ 3 heures.

**3** Brisez le sorbet en morceaux et mettez ceux-ci dans le bol du mélangeur préalablement rafraîchi. Travaillez le sorbet pour l'homogénéiser. Retournez-le au congélateur pendant au moins 2 heures avant de servir.

 **Portions**
6 à 8

 **Congélation**
2 à 3 mois

# Semifreddo au chocolat

*La liqueur au café parfume délicatement cette glace au chocolat très légère, préparée à partir de blancs d'œufs.*

### INGRÉDIENTS

1¹/₂ tasse de crème à 35 %

³/₄ tasse de sucre glace

4 blancs d'œufs

90 g (3 oz) de chocolat extra-noir râpé

3 cuillerées à soupe de liqueur au café

**1** Fouettez légèrement la crème avec la moitié du sucre. Battez les blancs d'œufs en neige ferme, en saupoudrant le reste du sucre quelques secondes avant la fin pour les meringuer.

**2** Incorporez les blancs en neige à la crème, puis mélangez délicatement le chocolat et la liqueur au café. Versez la préparation dans le moule et égalisez soigneusement la surface. Couvrez et mettez au congélateur pendant au moins 8 heures.

**3** Saisissez le film plastique dépassant des bords du moule pour démouler la glace et enlevez-le délicatement. Coupez le semifreddo en tranches et servez en coupelles individuelles ou sur des assiettes à dessert.

 **Ustensile**
Moule à pain de 25 x 11 cm (10 x 4¹/₂ po), tapissé d'un film plastique dépassant des rebords

 **Portions**
8

 **Congélation**
2 mois

**\*** **Attention**
Cette recette contient des blancs d'œufs crus (voir page 9).

# Bombe surprise aux fruits de la Passion

*Une bombe glacée fait toujours forte impression. Celle-ci, aromatisée aux fruits de la Passion, cache une surprise.*

### INGRÉDIENTS

le jus de 1 citron

¹/₂ tasse environ de jus d'orange

1 cuillerée à thé de gélatine

2 blancs d'œufs

¹/₄ cuillerée à thé de crème de tartre

³/₄ tasse de sucre superfin

8 fruits de la Passion

1¹/₄ tasse de crème à 35 %

200 g (7 oz) de chocolat noir

**1** Versez le jus de citron à travers une passoire dans une tasse à mesurer. Complétez avec du jus d'orange jusqu'à obtenir ¹/₂ tasse de liquide. Saupoudrez la gélatine et laissez-la tremper.

**2** Battez les blancs d'œufs en neige ferme avec la crème de tartre.

**3** Versez les jus de fruits dans une casserole et faites chauffer doucement pour dissoudre la gélatine. Augmentez le feu et laissez bouillir vivement pendant 3 minutes. Versez en filet mince sur les blancs d'œufs, en continuant à les fouetter rapidement. Fouettez encore durant quelques minutes, jusqu'à ce que le mélange refroidisse et épaississe suffisamment.

**4** Coupez les fruits de la Passion en deux. Retirez la pulpe et travaillez-la au mélangeur pendant 45 secondes pour la séparer des graines. Passez au tamis, en pressant bien pour récupérer tout le jus et la pulpe.

**5** Fouettez la crème modérément, ajoutez le jus et la pulpe des fruits de la Passion, et mélangez. Incorporez délicatement aux blancs d'œufs.

**6** Versez dans le moule, en recouvrant bien la paroi jusqu'au bord et en laissant un petit creux au centre. Mettez au congélateur pendant au moins 5 heures.

**7** Lorsque la glace est dure, râpez grossièrement le chocolat (voir page 42). Creusez le centre de la bombe et remplissez la cavité de chocolat. Faites ramollir la glace retirée du centre, puis étalez-la sur le chocolat. Remettez au congélateur pendant au moins 1 heure.

**8** Trempez rapidement le moule dans de l'eau très chaude, décollez la glace de la paroi à l'aide d'une fine spatule et retournez-la sur le plat de service. Remettez au congélateur jusqu'au moment de servir.

 **Ustensile**
Moule hémisphérique de 1,2 l (5 tasses)

 **Portions**
8

 **Congélation**
2 mois

# Confiseries

Les Grecs et les Romains ne connaissaient que les fruits et le miel en guise de sucreries. Le sucre ne commença à se répandre en Europe qu'après les croisades. Au XVe siècle, on préparait des fruits confits et des amandes sucrées, parfumées de musc et d'ambre. La commercialisation du sucre de betterave, au XIXe siècle, permit à la confiserie de se développer, et, à la même époque, l'invention du conchage autorisa la fabrication d'un chocolat très fin et plus facile à mouler : la confiserie de chocolat était née.

## Truffes aux pruneaux et à l'armagnac

*Au cœur de ces truffes enrobées de chocolat de couverture, des pruneaux macérés dans de l'armagnac et un onctueux chocolat noir. Présentées dans une petite boîte, elle-même en chocolat, elles composeront un cadeau raffiné et original.*

*Cet assortiment de truffes est présenté dans une boîte en plaques de chocolat marbré (voir pages 45 et 47).*

### INGRÉDIENTS

| |
|---|
| *1 tasse de pruneaux moelleux* |
| *½ tasse d'armagnac* |
| *250 g (8 oz) de chocolat noir* |
| *1 tasse de crème à 35 %* |
| *4 cuillerées à soupe de beurre doux* |

**Pour l'enrobage et le décor**

| |
|---|
| *425 g (14 oz) de chocolat noir de couverture ou 425 g (14 oz) de chocolat noir et 1 cuillerée à soupe d'huile d'arachide ou de tournesol* |
| *60 g (2 oz) de chocolat noir* |
| *60 g (2 oz) de chocolat blanc* |

**1** Faites macérer les pruneaux pendant 5 jours avec l'armagnac dans un récipient couvert.

**2** Faites fondre le chocolat avec la crème et le beurre (voir page 34). Retirez du feu et laissez refroidir.

**3** Égouttez les pruneaux et réservez le liquide. Dénoyautez-les et coupez-les très finement. Mélangez-les au chocolat et ajoutez 2 cuillerées à soupe du jus de macération. Couvrez le récipient et mettez au réfrigérateur jusqu'au lendemain.

**4** Moulez en petites boules des cuillerées à thé de la préparation, en vous aidant du bout des doigts ou de la paume des mains. Posez-les au fur et à mesure sur l'une des plaques et remettez-les au réfrigérateur pendant 1 heure.

**5** Préparez le chocolat de couverture (voir page 35) ou faites fondre le chocolat noir avec l'huile (voir page 34). L'un ou l'autre doivent être utilisés à 31-32 °C (88-90 °F).

**6** Travaillez avec peu de chocolat à la fois, en gardant le reste au réfrigérateur. Posez les bouchées sur une fourchette et trempez-les l'une après l'autre dans le chocolat de couverture, en tournant pour les enrober uniformément, puis en essuyant la fourchette sur le bord du récipient pour y déposer le surplus de chocolat. Rangez les truffes au fur et à mesure sur la seconde plaque.

**7** Faites fondre séparément les chocolats du décor (voir page 33) et mettez-les dans deux cornets en papier (voir page 46). Dessinez de fines lignes sur l'enrobage des truffes (vous pouvez également les rouler dans des noix finement hachées).

**Ustensiles**
2 plaques à biscuits recouvertes de papier siliconé

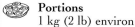
**Portions**
1 kg (2 lb) environ

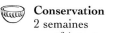
**Conservation**
2 semaines au réfrigérateur

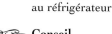
**Conseil**
Commencez 5 jours à l'avance à faire macérer les pruneaux dans l'armagnac

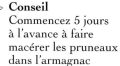

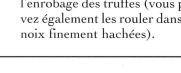

Truffes en chocolat blanc
(voir page 125) enrobées
de chocolat

**TRUFFES EN CHOCOLAT**

*Les truffes peuvent être décorées de
multiples façons et prendre différentes
formes. Leur composition varie aussi
beaucoup. Il y en a pour tous les goûts.*

Truffes aux
pruneaux et
à l'armagnac
(voir page ci-contre)

Truffes en chocolat
(voir page 124)
réalisées à la poche
à douille

# Truffes en chocolat

*Très faciles à réaliser, les truffes en chocolat sont parmi les confiseries les plus appréciées. On peut les parfumer à l'alcool (rhum, cognac, etc.) ou y ajouter des écorces d'orange confites, des marrons glacés… Ou encore préparer des truffes originales avec du chocolat déjà aromatisé au thé, à la cannelle, au café…*

## INGRÉDIENTS

*1 tasse de crème à 15 %*

*2 cuillerées à soupe de beurre*

*250 g (8 oz) de chocolat extra-noir coupé en morceaux*

*250 g (8 oz) de chocolat noir coupé en morceaux*

*2 cuillerées à soupe de rhum, de cognac ou autre alcool (facultatif)*

*30 g (1 oz) de praliné (voir page 51) facultatif*

**Pour l'enrobage**

*4 cuillerées à soupe de cacao en poudre tamisé et 1 cuillerée à soupe de sucre glace*

*vermicelles en chocolat*

*praliné (voir page 51)*

**1** Portez la crème à ébullition avec le beurre, dans une casserole à fond épais, puis retirez du feu et ajoutez les deux chocolats, en remuant jusqu'à obtention d'une crème bien lisse.

**2** Ajoutez éventuellement l'alcool, versez dans le moule et égalisez la surface avec une spatule. Couvrez et laissez durcir dans un endroit frais jusqu'au lendemain.

**3** Mélangez éventuellement le praliné à une partie du chocolat. Prélevez des morceaux de la taille d'une petite noix et roulez-les entre vos paumes.

## ENROBAGE

**1** Préparez l'enrobage : tamisez le cacao et le sucre glace sur une feuille de papier siliconé. Étalez les vermicelles en chocolat et le praliné sur des assiettes plates.

**2** Roulez les boules dans l'un des enrobages, en couvrant de la même manière toutes les truffes d'un même parfum.

## DRESSAGE À LA POCHE À DOUILLE

Vous pouvez également confectionner les truffes à l'aide d'une poche à douille. Enduisez de chocolat fondu l'intérieur de caissettes en papier. Mettez le chocolat des truffes encore mou dans une poche munie d'une petite douille cannelée, puis remplissez les caissettes. Laissez durcir et retirez le papier.

**Ustensile**
Moule à gâteau peu profond, recouvert de papier siliconé

**Portions**
625 g (1¹/₄ lb) environ

**Conservation**
2 semaines au réfrigérateur, dans une boîte hermétique, en couches séparées par un papier siliconé

## Enrobage des truffes

**1** *Avec la paume des mains ou le bout des doigts, moulez des boules de la taille d'une petite noix. Veillez à garder vos mains sèches et fraîches.*

**2** *Pour enrober les truffes, posez-les sur une fourchette et trempez-les dans le chocolat fondu. Lorsque vous les sortez du récipient, raclez la fourchette sur le rebord.*

**3** *Posez délicatement les truffes au fur et à mesure sur une feuille de papier siliconé, en les espaçant suffisamment, et laissez durcir.*

# *Truffes en chocolat blanc*

*La saveur des truffes en chocolat blanc est unique. Pour mieux les distinguer, vous pouvez remplacer le cacao de la recette par un glaçage de chocolat blanc de couverture, ou bien par un enrobage de chocolat blanc râpé.*

### INGRÉDIENTS

*180 g (6 oz) de chocolat blanc coupé en morceaux*

*5 cuillerées à soupe de beurre doux coupé en petits morceaux*

*3 cuillerées à soupe de crème à 35 %*

*1 pincée de sel*

*¹/₂ cuillerée à thé de liqueur à l'orange*

*2 cuillerées à soupe de cacao en poudre tamisé pour l'enrobage*

**1** Faites fondre le chocolat avec le beurre, la crème et le sel (voir page 34). Laissez refroidir, puis ajoutez la liqueur. Couvrez et laissez durcir au réfrigérateur pendant environ 2 heures.

**2** Prélevez des morceaux de chocolat de la taille d'une grosse bille et roulez-les entre les paumes de vos mains. Remettez de temps en temps le chocolat au réfrigérateur pour quelques minutes s'il se réchauffe trop.

**3** Tamisez le cacao sur une feuille de papier ciré, puis roulez-y les truffes, en les recouvrant uniformément.

 **Portions**
30 truffes environ

 **Conservation**
2 semaines au réfrigérateur, dans une boîte hermétique, en couches séparées par du papier siliconé

# *Bouchées aux noisettes*

*Chocolat et noisettes font un mariage toujours très réussi. Comme les noix et les amandes, les noisettes sont encore meilleures quand on les enrobe de caramel, avant de les mélanger au chocolat (pour la méthode, voir à la fin de la recette).*

### INGRÉDIENTS

*750 g (1¹/₂ lb) de chocolat de couverture ou 750 g (1¹/₂ lb) de chocolat noir et 1 cuillerée à soupe d'huile d'arachide ou de tournesol*

*375 g (3 tasses) de noisettes grillées et mondées (voir page 39)*

**1** Préparez le chocolat de couverture (voir page 35) ou faites fondre le chocolat avec l'huile (voir page 34). L'un ou l'autre doivent être à 31-32 °C (88-90 °F) pour être utilisés.

**2** Confectionnez un grand cornet en papier (voir page 46) et versez-y une partie du chocolat fondu. Percez le cornet et dressez sur l'une des plaques à biscuits une quarantaine de petits tas de chocolat de la taille d'une bille.

**3** Disposez trois noisettes sur chaque petit tas et laissez durcir le chocolat.

**4** Réchauffez le reste du chocolat pour qu'il soit suffisamment liquide. A l'aide d'une fourchette, trempez-y les bouchées, l'une après l'autre, en les enrobant uniformément.

**5** Posez les bouchées au fur et à mesure sur la seconde plaque et laissez durcir.

### POUR CARAMÉLISER
Faites chauffer 1 tasse de sucre et 5 cuillerées à soupe d'eau dans une casserole à fond épais, en remuant sans arrêt, jusqu'à ce que le mélange prenne une couleur de caramel blond. Hors du feu, trempez les noisettes l'une après l'autre dans ce sirop (s'il devient trop épais, faites-le réchauffer très doucement), posez-les sur une plaque légèrement huilée et laissez durcir. Attendez que les noisettes soient bien froides avant de confectionner les bouchées.

 **Ustensiles**
2 plaques à biscuits recouvertes de papier siliconé

 **Portions**
40 bouchées environ

 **Conservation**
2 semaines au réfrigérateur, dans une boîte hermétique

# *Panforte de Sienne*

### INGRÉDIENTS

*1 tasse d'écorces d'orange et de citron confites coupées finement*

*2 cuillerées à soupe de cognac*

*1 tasse d'amandes non blanchies*

*1 tasse de noisettes non blanchies*

*1 tasse de farine tout usage*

*2 cuillerées à soupe de cacao en poudre*

*2 cuillerées à thé de cannelle en poudre*

*¹/₂ cuillerée à thé de coriandre en poudre*

*¹/₂ cuillerée à thé de poivre de la Jamaïque moulu*

*¹/₂ tasse de sucre granulé*

*²/₃ tasse de miel liquide foncé*

*1 cuillerée à soupe de sucre glace, mélangée à ¹/₂ cuillerée à thé de cannelle*

*Traduit littéralement, le mot italien* panforte *signifie « pain épicé ». Il s'agit en fait d'une confiserie très originale, composée de noisettes, de miel, de zestes confits et d'épices. A Sienne, nombreuses sont les vitrines où s'empilent des tranches de panforte, enveloppées dans des papiers colorés. Emballé (dans un papier de style florentin, par exemple), c'est un très joli présent.*

**1** Mélangez les zestes et le cognac dans un bol.

**2** Plongez les amandes quelques instants dans de l'eau bouillante, laissez bouillir jusqu'à ce que la peau s'enlève facilement (sortez-en une de l'eau pour essayer), puis égouttez-les et pelez-les. Préchauffez le four.

**3** Étalez les amandes sur une plaque et les noisettes sur une autre. Enfournez-les à 180 °C (350 °F) et faites cuire environ 8 minutes, en remuant de temps en temps pour qu'elles grillent uniformément. Sortez les fruits secs du four et baissez la température. Mettez les noisettes dans un linge et frottez-les vigoureusement pour en enlever la peau.

**4** Hachez très grossièrement les noisettes et les amandes, puis mélangez-les avec les zestes et le cognac. Tamisez la farine par-dessus, puis ajoutez les épices et le cacao, et incorporez-les au mélange.

**5** Mettez le sucre et le miel dans une petite casserole à fond épais ; portez à ébullition sur feu très doux, sans cesser de remuer. Laissez bouillir, jusqu'à ce que le sirop atteigne 127 °C (260 °F) sur le thermomètre à sirop.

**6** Versez le sirop bouillant sur la préparation et mélangez. Mettez dans le moule et faites cuire au four 40 minutes à 140 °C (275 °F). Laissez refroidir le moule sur une grille.

**7** Saupoudrez le sucre glace et la cannelle sur le gâteau encore tiède. Démoulez le panforte complètement refroidi et laissez-le durcir quelques jours dans un endroit frais. Il doit être encore souple, mais suffisamment ferme pour pouvoir être coupé en tranches.

  **Température du four**
180 °C (350 °F), puis 140 °C (275 °F)

 **Cuisson**
40 minutes

 **Ustensile**
Moule rond peu profond de 20 cm (8 po) de diamètre, beurré et tapissé d'un papier siliconé

 **Portions**
1 disque de 20 cm (8 po) de diamètre

**Conservation**
4 mois, enveloppé dans un papier aluminium et placé dans une boîte hermétique

# *Rochers à la guimauve*

*Cette confiserie à base de guimauve, de noix et de chocolat au lait plaît beaucoup aux enfants. Sa surface irrégulière lui a valu son nom.*

### INGRÉDIENTS

*12 guimauves*

*³/₄ tasse de noix ou de pacanes*

*500 g (1 lb) de chocolat au lait coupé en morceaux (voir page 32)*

**1** Coupez la guimauve en petits morceaux et hachez grossièrement les pacanes. Faites fondre doucement le chocolat au lait (voir page 33).

**2** Mélangez la guimauve et les noix au chocolat fondu, puis versez le tout sur la plaque. Égalisez la surface avec une spatule légèrement huilée, en laissant apparaître les petits morceaux.

**3** Laissez durcir la préparation au réfrigérateur pendant 1 heure à 1 h 30, puis recoupez en bouchées.

### VARIANTE
Remplacez la guimauve et les pacanes par 1 tasse de rondelles de banane séchées.

 **Ustensile**
Plaque à biscuits recouverte de papier siliconé

 **Portions**
625 g (1¹/₄ lb) environ

 **Conservation**
2 semaines au réfrigérateur

# Rochers au chocolat

*Ces merveilleuses confiseries sont toujours très en vogue, mais celles que l'on trouve dans le commerce sont souvent décevantes. Les rochers que vous confectionnerez vous-même seront, sans aucun doute, de bien meilleure qualité.*

### INGRÉDIENTS

*2 tasses d'amandes non blanchies*

*1 tasse de sucre granulé*

*4 cuillerées à soupe d'eau*

*250 g (1 tasse) de beurre doux coupé en petits morceaux*

*1 cuillerée à soupe de jus de citron*

*250 g (8 oz) de chocolat noir*

**1** Hachez finement le tiers des amandes et réservez-les. Hachez grossièrement le reste.

**2** Mettez le sucre et l'eau dans une petite casserole à fond épais ; faites chauffer à feu très doux, en remuant jusqu'à ce que le sucre soit complètement fondu. Ajoutez le beurre et mélangez jusqu'à ce que la préparation soit homogène.

**3** Ajoutez les amandes grossièrement hachées et faites cuire à feu doux, en remuant de temps en temps, jusqu'à ce que le mélange atteigne 150 °C (300 °F) sur le thermomètre à sirop.

**4** Surveillez attentivement le sirop : il doit caraméliser sans toutefois brûler.

**5** Quand le mélange a atteint la bonne température, retirez la casserole du feu, ajoutez le jus de citron et versez rapidement dans le moule.

**6** Avant que la pâte soit complètement durcie, démoulez-la et coupez-la en cubes de 4 cm (1¹⁄₂ po) de côté environ. Laissez refroidir, retirez délicatement le papier siliconé et, si c'est nécessaire, recoupez bien régulièrement les cubes de pâte.

**7** Faites fondre doucement le chocolat (voir page 33). Étalez les amandes hachées que vous avez réservées sur une feuille de papier ciré. Recouvrez la face supérieure des cubes de chocolat fondu, puis pressez-la sur les amandes et laissez durcir. Renouvelez l'opération sur la face opposée.

**8** Attendez que le chocolat soit parfaitement dur, puis rangez les rochers dans une boîte fermée par un couvercle hermétique, en glissant des feuilles de papier siliconé entre les couches, pour éviter qu'ils ne collent.

 **Ustensile**
Moule carré de 20 cm (8 po) de côté, tapissé de papier siliconé

 **Portions**
625 g (1¹⁄₄ lb)

 **Conservation**
2 semaines dans une boîte hermétique

# Zestes confits au chocolat

*L'écorce du pamplemousse véritable (en anglais, pummelo) convient très bien au confisage. En cuisant dans le sirop, elle perd son amertume et devient translucide. Vous pouvez préparer des oranges de la même manière.*

### INGRÉDIENTS

*2 pamplemousses ou 3 grosses oranges*

*500 g (1 lb) de sucre superfin*

*180 g (6 oz) de chocolat noir*

**1** Lavez et séchez les fruits. Entaillez-les superficiellement avec un couteau pointu, du sommet à la base, en les divisant en quatre quartiers égaux. Retirez les quatre morceaux de peau, mettez-les dans une casserole, couvrez-les largement d'eau bouillante et laissez-les cuire 10 minutes. Trempez-les dans de l'eau froide pour les rafraîchir, et renouvelez l'opération jusqu'à ce que toute leur

amertume se soit suffisamment estompée.

**2** Préparez un sirop en chauffant le sucre et l'eau, puis faites-y cuire doucement les zestes pendant 1 h 30, jusqu'à ce qu'ils soient tendres. Égouttez-les, puis laissez-les sécher et refroidir sur une grille.

**3** Faites fondre le chocolat (voir page 33). Coupez les écorces en bâtonnets, piquez-les à l'aide d'un cure-dents en bois et trempez-les un à un dans le chocolat, partiellement ou entièrement. Laissez durcir, en piquant l'autre extrémité des cure-dents dans une pomme de terre.

 **Portions**
500 g (1 lb)

 **Conservation**
3 semaines dans une boîte hermétique

## *Fondants à la menthe*

*Si vous trouvez de la véritable essence de menthe poivrée, vos fondants seront bien meilleurs.*

### INGRÉDIENTS

375 g (1¹/₂ tasse) de sucre granulé

¹/₂ tasse d'eau

1 cuillerée à thé de jus de citron

6 à 8 gouttes d'essence de menthe

150-180 g (5-6 oz) de chocolat noir pour l'enrobage (page 122)

**1** Mettez le sucre, l'eau et le jus de citron dans une petite casserole à fond épais ; chauffez doucement pour dissoudre le sucre. Récupérez tous les grains de sucre en passant un pinceau de cuisine mouillé sur les parois de la casserole.

**2** Laissez bouillir jusqu'à ce que le sirop atteigne le petit boulé (115 °C/240 °F). Retirez la casserole du feu et ajoutez l'essence de menthe.

**3** Versez sur une plaque humide. Laissez refroidir et raffermir la pâte (elle ne doit pas être trop molle), puis travaillez-la pendant une dizaine de minutes à l'aide d'une spatule humide, jusqu'à ce qu'elle devienne opaque et épaississe légèrement.

**4** Déposez des cuillerées à thé de fondant sur un papier siliconé et laissez refroidir.

**5** Enrobez les fondants de chocolat noir, en procédant comme pour les truffes aux pruneaux et à l'armagnac (voir page 122).

 **Portions**
500 g (1 lb) environ

 **Conservation**
2 semaines dans une boîte hermétique

## *Carrés de chocolat à la menthe*

*Ces petites confiseries, très faciles à réaliser, seront particulièrement bienvenues après le dîner.*

### INGRÉDIENTS

125 g (4 oz) de chocolat noir

6 gouttes d'essence de menthe

1 cuillerée à soupe de cassonade dorée

**1** Faites fondre le chocolat (voir page 33). Laissez-le tiédir un peu, en le conservant liquide, puis mélangez avec la menthe et la cassonade. Goûtez et ajoutez éventuellement quelques gouttes d'essence de menthe si vous souhaitez obtenir un goût plus prononcé.

**2** Versez le chocolat sur la plaque et étalez-le uniformément en un rectangle de 15 × 21 cm (6 × 9 po). Coupez-le avant qu'il soit tout à fait dur en carrés de 3,5 cm (1¹/₂ po) de côté, puis laissez refroidir complètement.

 **Ustensile**
Plaque à biscuits recouverte de papier siliconé

 **Portions**
24 carrés environ

 **Conservation**
2 semaines dans une boîte hermétique

## *Fudge au chocolat*

*Le fudge a toujours beaucoup de succès auprès des enfants… mais aussi des parents.*

### INGRÉDIENTS

1³/₄ tasse de sucre granulé

1 tasse de lait

1 cuillerée à soupe de sirop de maïs

6 cuillerées à soupe de beurre

60 g (2 oz) de chocolat noir

6 cuillerées à soupe de cacao en poudre

1 cuillerée à thé d'extrait de vanille

¹/₂ tasse de noix hachées

**1** Mettez le sucre, le lait et le sirop dans une petite casserole à fond épais ; faites chauffer doucement pour dissoudre le sucre. Laissez cuire sans remuer jusqu'à ce que la température atteigne 114 °C (238 °F) sur un thermomètre à sirop.

**2** Pendant ce temps, faites fondre le beurre avec le chocolat et le cacao en poudre (voir page 34). Quand le sirop est prêt, mélangez-le au chocolat. Ajoutez l'extrait de vanille et les noix, puis versez la préparation dans le moule.

**3** Laissez durcir et coupez le fudge en petits carrés.

 **Ustensile**
Moule carré de 20 cm (8 po) de côté, tapissé de papier siliconé

 **Portions**
625 g (1¹/₄ lb)

 **Conservation**
2 semaines dans une boîte hermétique

# Œufs en chocolat

*V*ous pouvez présenter ces friandises dans de véritables coquilles d'œufs ou confectionner des demi-œufs dans des moules en plastique de différentes tailles. En remplissant les moules alternativement de chocolat blanc et noir, vous obtiendrez de très jolies marbrures. Après les avoir démoulées, il vous suffira d'assembler les moitiés deux par deux, en les collant avec un peu de chocolat fondu.

### INGRÉDIENTS

*6 petits œufs*

*300 g (10 oz) de chocolat extra-noir*

*³/₄ tasse de crème à 35 %*

*90 g (3 oz) de praliné finement moulu (voir page 51)*

*2 cuillerées à soupe de rhum blanc (facultatif)*

**1** Percez la pointe de chaque œuf à l'aide d'une épingle, puis élargissez le trou aux ciseaux pour obtenir une ouverture d'environ 1 cm (¹/₂ po) de diamètre. Videz le contenu de l'œuf, puis remplissez-le d'eau et secouez, afin de laver parfaitement l'intérieur. Faites sécher les coquilles à four très doux pendant une dizaine de minutes.

**2** Faites fondre le chocolat (voir page 33). Portez la crème à ébullition dans une petite casserole. Hors du feu, incorporez le chocolat, puis ajoutez le praliné et éventuellement le rhum. Remplissez les œufs de ce mélange. Essuyez soigneusement les coquilles et faites durcir au réfrigérateur. Dissimulez les orifices par des cercles autocollants et présentez les œufs dans des boîtes à œufs ou de petits paniers.

### VARIANTE
Écalez les œufs et décorez-les d'un ruban joliment noué, ou bien enveloppez-les dans un papier vivement coloré.

 **Portions**
6

 **Conservation**
2 semaines au réfrigérateur

*Ces œufs marbrés en chocolat sont nichés dans des rouleaux en chocolat*

# Cuisine au chocolat

A l'origine, la boisson au chocolat des Aztèques était très pimentée. Les Espagnols l'adoucirent en la sucrant, mais on continua d'utiliser le cacao, en Italie et en Espagne surtout, pour rehausser certains plats salés. Les recettes présentées ici nous viennent d'Europe et du Mexique ; elles témoignent de l'exceptionnelle universalité du chocolat, que l'on peut aussi bien associer à la viande, au gibier, au poisson… qu'aux piments d'Amérique du Sud.

## Mole de guajolote

*La sauce de ce plat traditionnel mexicain est composée de piments écrasés de différentes variétés (le pasilla étant le plus relevé). La recette présentée ici est raisonnablement épicée, mais vous pouvez aisément modifier les proportions des piments pour la relever ou au contraire l'adoucir.*

*Pour rehausser la saveur des piments, chauffez- les 3 minutes dans une poêle à fond épais avant de les mettre à tremper.*

### INGRÉDIENTS

6 piments mulatos secs

6 piments anchos secs

6 piments pasillas secs

4 kg (8 lb) de dinde coupée en morceaux

1 oignon coupé en quatre

5 gousses d'ail

1¹/₂ cuillerée à thé de sel

¹/₂ tasse de graines de sésame

1 tasse d'amandes blanchies

2 tortillas de maïs ou de blé

3 oignons doux hachés

5 tomates pelées et hachées

¹/₃ tasse de raisins secs

6 grains de poivre noir

2 clous de girofle

¹/₂ cuillerée à thé de graines d'anis

1 cuillerée à thé de cannelle en poudre

4 à 6 cuillerées à soupe d'huile de tournesol

60 à 90 g (2 à 3 oz) de chocolat noir

sel et poivre du moulin

**1** Faites tremper les piments pendant toute une nuit dans 1 l (4 tasses) d'eau.

**2** Mettez les morceaux de dinde dans une marmite avec l'oignon et 2 gousses d'ail, couvrez d'eau et portez à ébullition. Ajoutez le sel, couvrez et laissez mijoter 1 heure.

**3** Laissez refroidir la dinde, désossez-la, enlevez la peau et coupez la viande en morceaux. Déposez-les au fur et à mesure dans une cocotte. Remettez la peau et les os dans la marmite, faites cuire encore 1 heure pour corser le bouillon, puis filtrez.

**4** Réservez quelques graines de sésame et faites griller le reste à feu modéré, avec les amandes, dans une poêle à revêtement antiadhésif, en remuant de temps en temps. Faites cuire les tortillas 5 minutes à la poêle, en les retournant une fois, pour qu'elles soient dures et friables. Émiettez-les.

**5** Travaillez au mélangeur les piments avec leur eau de trempage, les gousses d'ail restantes, les oignons hachés, les tomates et les tortillas émiettées, jusqu'à obtention d'une purée bien lisse. Versez dans un bol.

**6** Broyez finement les graines de sésame avec les amandes, les raisins, les grains de poivre et les épices, puis versez-les dans le bol et mélangez.

**7** Chauffez l'huile dans une grande poêle et faites-y frire cette purée, en remuant constamment, pendant environ 5 minutes. Versez dans la cocotte.

**8** Faites fondre le chocolat dans une casserole, avec 2¹/₂ tasses du bouillon filtré, et versez dans la cocotte. Goûtez et rectifiez l'assaisonnement. Ajoutez éventuellement un peu de bouillon, puis réchauffez à feu doux et laissez cuire pour que la sauce ait la consistance d'une crème épaisse.

**Portions**
12

**Conservation**
1 semaine au réfrigérateur

**Congélation**
2 à 3 mois

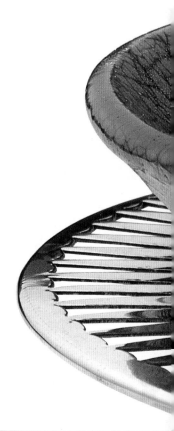

**LE MOLE DE GUAJOLOTE**
est l'un des plus célèbres plats
mexicains. Il était déjà apprécié
par Moctezuma, empereur des
Aztèques.

PRÉSENTATION
ET SERVICE
Parsemez le plat avec les
graines de sésame réservées
(ou bien des fines herbes), et
accompagnez de riz, de haricots blancs et de tortillas.
Vous pouvez également proposer des avocats, des citrons
verts et des piments, qui
apporteront une note colorée.

*Décorez avec du
persil plat ciselé*

# Daube de chevreuil

*Très convivial, ce plat d'hiver est encore meilleur réchauffé ; il peut donc être préparé un peu à l'avance. Par ailleurs, on peut en faire une excellente garniture de tourtière.*

## INGRÉDIENTS

1,25 kg (2½ lb) d'épaule de chevreuil, désossée

2 cuillerées à soupe d'huile d'olive

4 échalotes finement émincées

4 gousses d'ail pelées et écrasées

1¼ tasse de fond de bœuf

1 cuillerée à soupe de concentré de tomate

1 bouquet garni

10 baies de genièvre

10 grains de poivre

le zeste de 1 orange

1½ cuillerée à soupe de gelée de groseille

45 g (1½ oz) de chocolat extra-noir râpé (voir page 42)

sel et poivre du moulin

### Pour la marinade

2 cuillerées à soupe d'huile d'olive

1 carotte coupée en rondelles

1 gros oignon émincé

1 branche de céleri finement coupée

1½ tasse de vin rouge

**1** Coupez la viande en cubes et mettez-la dans un plat creux.

**2** Préparez la marinade : faites dorer doucement les légumes avec l'huile dans une grande poêle, mouillez avec le vin, puis retirez du feu. Laissez refroidir, versez sur la viande et mettez à mariner dans un endroit frais jusqu'au lendemain.

**3** Égouttez les morceaux de viande et épongez-les sur un papier absorbant. Filtrez et réservez la marinade.

**4** Faites revenir les morceaux de chevreuil avec l'huile, jusqu'à ce qu'ils soient dorés de tous côtés ; rangez-les au fur et à mesure dans une cocotte. Faites fondre les échalotes et l'ail dans la même poêle ; mettez-les dans la cocotte.

**5** Déglacez la poêle avec la marinade, en raclant bien à l'aide d'une cuillère en bois pour récupérer tous les sucs. Versez sur la viande, puis ajoutez le fond de bœuf, le concentré de tomate, le bouquet garni, les baies de genièvre, le poivre et le zeste d'orange. Préchauffez le four.

**6** Salez légèrement, portez au point d'ébullition, puis couvrez et enfournez. Faites cuire 2 heures à 2 h 30, jusqu'à ce que la viande soit tendre, en surveillant la température pour que la cuisson soit très douce.

**7** Retirez le bouquet garni, passez la sauce au-dessus d'une casserole et faites-la réduire d'un quart sur feu vif. Incorporez le chocolat et la gelée de groseille en fouettant vigoureusement. Poivrez, goûtez et rectifiez l'assaisonnement. Versez sur la viande. Servez ce plat très chaud avec une purée de panais ou de navets, des marrons et un légume vert.

**Température du four**
160 °C (325 °F)

**Cuisson**
2 heures à 2 h 30

**Portions**
6 personnes

**Conservation**
2 à 3 jours au réfrigérateur, couverte

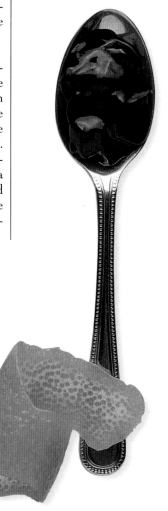

# Calmars au chocolat

En principe, on prépare ce plat catalan avec de tout petits calmars, mais on peut sans inconvénient les remplacer par des gros, coupés en anneaux.

### INGRÉDIENTS

750 g (1¹/₂ lb) de calmars

3 cuillerées à soupe d'huile d'olive

2 gousses d'ail pelées

¹/₃ tasse d'amandes effilées

1 gros oignon doux finement émincé

1 feuille de laurier

¹/₂ cuillerée à thé de feuilles de thym finement émiettées

1 tasse de vin blanc sec

4 tomates pelées et concassées

1 pincée de safran

15 g (¹/₂ oz) de chocolat extra-noir râpé (voir page 42)

2 cuillerées à soupe de persil ciselé

sel et poivre du moulin

**1** Nettoyez les calmars. Séparez le corps des tentacules, enlevez la tête et nettoyez la poche avec soin, en enlevant tous les cartilages et en rinçant à l'eau courante. Coupez le corps en anneaux et les tentacules en morceaux.

**2** Faites revenir l'ail et les amandes dans une grande sauteuse avec 2 cuillerées à soupe d'huile, jusqu'à ce qu'ils soient bien dorés, puis mettez-les dans un mortier. Versez le reste de l'huile dans la poêle et faites-y fondre doucement l'oignon. Ajoutez les calmars, le thym et le laurier, et laissez mijoter quelques instants.

**3** Quand les calmars sont blancs, mouillez avec le vin, faites légèrement réduire la sauce, puis ajoutez les tomates, salez et poivrez. Couvrez la sauteuse et laissez mijoter doucement pendant environ 1 heure.

**4** Pilez les amandes et l'ail avec le safran, pour en faire une pâte, et diluez avec un peu de jus de cuisson. Incorporez à la sauce, ajoutez le chocolat et laissez épaissir légèrement. Parsemez le persil au dernier moment et accompagnez de pommes de terre nouvelles cuites à l'eau.

 **Portions**
4

 **Conservation**
2 à 3 jours au réfrigérateur, couverts

 **Congélation**
2 à 3 mois

# Lapin au chocolat

En Espagne, on utilise fréquemment le chocolat noir pour relever certaines sauces. La quantité employée est en général assez faible, mais elle apporte une saveur subtile et indéfinissable.

### INGRÉDIENTS

4 cuillerées à soupe d'huile d'olive

2 gousses d'ail pelées

1 lapin coupé en morceaux

1 assiettée de farine salée et poivrée

1 oignon émincé

1 carotte émincée

1 branche de thym

1 feuille de laurier

1 petit morceau de bâton de cannelle

1¹/₄ tasse de vin rouge

1 petit verre de xérès

¹/₂ tasse d'amandes blanchies

3 cuillerées à soupe de pignons

30 g (1 oz) de chocolat extra-noir coupé en morceaux (voir page 32)

2 cuillerées à soupe de cognac

1 pincée de sucre (facultatif)

sel et poivre du moulin

**1** Versez l'huile dans une cocotte. Faites-y légèrement dorer l'ail, puis mettez-le dans un mortier.

**2** Roulez les morceaux de lapin dans la farine, faites-les dorer sur toutes leurs faces dans la cocotte, puis ajoutez les légumes, le thym, le laurier et la cannelle. Mélangez, mouillez avec le vin et le xérès, salez et poivrez. Portez à ébullition, puis baissez le feu, couvrez et laissez mijoter 40 minutes.

**3** Pilez l'ail avec les amandes, les pignons, le chocolat et éventuellement un peu de jus de cuisson, pour obtenir une pâte. Ajoutez le cognac, versez dans la cocotte et laissez mijoter encore quelques minutes. Goûtez, rectifiez l'assaisonnement et ajoutez le sucre si la sauce est trop amère.

 **Portions**
4

 **Conservation**
2 à 3 jours au réfrigérateur, couvert

 **Congélation**
2 à 3 mois

# Sauces et garnitures

Fourrez un gâteau de mousse au chocolat ou nappez de sauce une simple crème glacée et voilà le dessert le plus anodin transformé en plat de fête. Les sauces et les garnitures présentées ici sont ou bien à base de chocolat ou destinées à compléter un plat qui en contient.

Elles peuvent néanmoins servir dans d'autres occasions. La réussite de ces sauces et de ces garnitures dépend essentiellement de la qualité du chocolat utilisé. Choisissez toujours celui qui contient la plus grande proportion de cacao et le moins de sucre possible.

## Sauce au chocolat

*Plus simple et moins riche, cette recette peut remplacer la sauce au chocolat amer présentée page ci-contre. Elle est réalisée avec du cacao.*

### INGRÉDIENTS

| |
|---|
| *¹/₂ tasse de cacao en poudre* |
| *1 tasse d'eau* |
| *¹/₂ tasse de sucre superfin* |
| *2 cuillerées à soupe de beurre* |

Faites cuire le cacao pendant environ 3 minutes avec l'eau et le sucre. Incorporez le beurre et remettez sur le feu. Ajoutez de l'eau si nécessaire, afin que la sauce soit assez liquide.

**Quantité**
1¹/₄ tasse

**Conservation**
2 à 3 jours au réfrigérateur, couverte

## Crème anglaise

*La célèbre crème anglaise accompagne à merveille une multitude de desserts au chocolat et sert de base à de nombreuses crèmes glacées. Il faut prendre bien soin, lorsqu'on la fait épaissir, de rester très en dessous de la température d'ébullition, afin que les jaunes d'œufs ne coagulent pas.*

### INGRÉDIENTS

| |
|---|
| *1¹/₄ tasse de lait* |
| *¹/₂ gousse de vanille fendue en deux ou 1 cuillerée à thé d'extrait de vanille* |
| *3 jaunes d'œufs* |
| *2 cuillerées à soupe de sucre superfin* |

**1** Faites bouillir le lait avec la gousse de vanille.

**2** Fouettez les jaunes d'œufs avec le sucre, jusqu'à ce qu'ils blanchissent, puis versez le lait bouillant sans cesser de fouetter. Remettez le mélange dans la casserole et faites cuire à feu très doux, en remuant sans arrêt, jusqu'à ce que la crème soit suffisamment épaisse.

**3** Versez la préparation dans un bol et laissez refroidir. Ajoutez l'extrait de vanille, si vous n'avez pas utilisé de gousse, et mettez au frais avant de servir.

VARIANTES
**Crème anglaise au café :** ajoutez à la crème refroidie 1 cuillerée à soupe de café soluble instantané, dilué dans un peu d'eau.
**Crème anglaise au moka :** ajoutez 60 g (2 oz) de chocolat noir râpé et 1 cuillerée à thé de café soluble instantané.
**Crème anglaise à la liqueur :** ajoutez 1 cuillerée à soupe, ou plus, de Poire Williams ou de Grand Marnier.

**Quantité**
1¹/₂ tasse

**Conservation**
2 à 3 jours au réfrigérateur

## Sauce au fudge chaud

*Cette sauce délicate est tout simplement délicieuse avec une crème glacée.*

### INGRÉDIENTS

| |
|---|
| *¹/₂ tasse de crème à 35 %* |
| *2 cuillerées à soupe de beurre doux* |
| *5 cuillerées à soupe de cacao, tamisé* |
| *¹/₄ tasse de sucre superfin* |
| *¹/₄ tasse de cassonade foncée* |
| *1 pincée de sel* |

Mettez tous les ingrédients dans une casserole à fond épais et faites fondre à feu doux, en remuant pour obtenir une sauce bien lisse. Augmentez légèrement le feu et laissez cuire encore 2 à 3 minutes. Goûtez et ajoutez éventuellement un peu de sucre.

**Quantité**
²/₃ tasse

**Conservation**
1 à 2 jours au réfrigérateur, couverte

La sauce au chocolat amer sert à napper de nombreux gâteaux

**LES SAUCES AU CHOCOLAT**
*Très onctueuses, elles conviennent à une quantité de desserts. On les sert en général chaudes, avec un gâteau ou une tarte, ou froides, avec une glace ou des fruits.*

## Sauce au chocolat amer

### INGRÉDIENTS

*100 g (3¹/₂ oz) de chocolat extra-noir ou de chocolat amer*

*2 cuillerées à soupe de beurre doux*

*5 cuillerées à soupe d'eau*

*1 cuillerée à soupe de rhum ou de cognac*

Faites chauffer doucement le chocolat, le beurre et l'eau dans une petite casserole à fond épais, en remuant constamment. Quand la sauce est bien lisse, ajoutez l'alcool.

**Quantité**
1¹/₄ tasse

**Conservation**
1 à 2 jours au réfrigérateur, couverte

## Ganache

Cette crème au chocolat peut servir tour à tour de glaçage, de garniture ou de sauce.

### INGRÉDIENTS

*150 g (5 oz) de chocolat extra-noir coupé en morceaux (voir page 32)*

*150 g (5 oz) de chocolat noir coupé en morceaux*

*1¼ tasse de crème à 35 %*

**1** Mettez les chocolats dans un bol. Portez la crème à ébullition. Versez la crème sur les chocolats, attendez 5 minutes, puis mélangez en fouettant.

**2** Fouettez jusqu'à ce que le mélange soit froid et mousseux, mais sans excès, pour qu'il ne soit pas trop épais. Si la ganache est utilisée en sauce, fouettez juste assez pour mélanger et servez chaud.

 **Quantité**
En garniture :
2 couches sur
un gâteau rond de
23 cm (9 po) ;
en sauce : pour
8 personnes

 **Conservation**
2 à 3 jours au
réfrigérateur

## Crème au beurre chocolatée

Cette crème constitue une excellente garniture, et c'est un glaçage idéal pour les gâteaux fourrés. Elle est préparée avec du chocolat extra-noir (comme pour le gâteau de mariage, page 66), mais si vous la préférez au chocolat blanc, reportez-vous à la recette de la page 61.

### INGRÉDIENTS

*4 jaunes d'œufs*

*½ tasse de sucre granulé*

*½ tasse d'eau*

*250 g (1 tasse) de beurre doux coupé en morceaux*

*100 g (3½ oz) de chocolat extra-noir (voir page 33)*

**1** Fouettez les jaunes d'œufs jusqu'à ce qu'ils blanchissent.

**2** Faites fondre doucement le sucre avec l'eau dans une petite casserole à fond épais. Portez à ébullition et laissez bouillir jusqu'à ce que le sirop atteigne le petit boulé (115 °C/ 240 °F au thermomètre à sirop).

**3** Versez le sirop en filet sur les jaunes d'œufs, en fouettant jusqu'à ce que le mélange épaississe et soit tiède.

**4** Incorporez progressivement le beurre, en continuant à fouetter, puis mélangez avec le chocolat fondu.

 **Quantité**
2 couches sur
un gâteau rond de
23 cm (9 po)

 **Conservation**
A employer de
préférence aussitôt

## Glaçage au chocolat

Les gâteaux recouverts de glaçage sont bien lisses et brillants. Vous trouverez une version plus simple, à base de cacao, dans la recette des éclairs (voir page 83).

### INGRÉDIENTS

*90 g (3 oz) de chocolat extra-noir*

*90 g (3 oz) de chocolat noir*

*125 g (½ tasse) de beurre doux*

*1 cuillerée à soupe de sirop de maïs*

**1** Coupez les chocolats en petits morceaux.

**2** Faites fondre les chocolats, avec les autres ingrédients, dans une petite casserole à fond épais (voir page 34).

**3** Posez le gâteau destiné à être glacé sur une grille, au-dessus d'un plat, et versez le glaçage dessus (voir page 49).

 **Quantité**
Pour un gâteau rond
de 23 cm (9 po)

## Mousse à l'abricot

On peut fourrer un gâteau aussi bien qu'un biscuit roulé avec cette mousse fruitée et crémeuse. Les abricots secs contiennent suffisamment de sucre pour qu'il n'y ait pas besoin d'en rajouter.

### INGRÉDIENTS

*1 cuillerée à thé de gélatine*

*¾ tasse d'eau*

*¾ tasse d'abricots secs*

*⅔ tasse de crème à 35 %*

**1** Faites tremper la gélatine dans 2 cuillerées à soupe d'eau, puis mettez-la à fondre au-dessus de l'eau chaude.

**2** Mettez les abricots et le reste de l'eau dans une casserole à fond épais. Couvrez et faites cuire doucement jusqu'à ce que les abricots soient tendres et qu'il n'y ait plus d'eau.

**3** Passez les abricots et la gélatine au mélangeur. Ajoutez la crème et travaillez à nouveau quelques secondes, pour que le mélange soit lisse et mousseux.

 **Quantité**
2 couches pour
un gâteau rond
de 23 cm (9 po)

# Coulis de framboise

*Les sauces aux fruits rouges accompagnent très bien les préparations au chocolat. Mais il ne faut pas trop sucrer les coulis, afin que leur acidité équilibre la douceur des desserts.*

### INGRÉDIENTS

*1¹/₂ tasse de framboises fraîches ou congelées*

*¹/₅ tasse de sucre superfin*

**1** Mettez les framboises et le sucre dans un bol, et laissez macérer au moins 1 heure, pour que les parfums se développent.

**2** Passez les fruits et le sucre au mélangeur, et actionnez l'appareil jusqu'à ce qu'ils soient réduits en purée très fine.

**3** Passez le mélange au tamis fin, en pressant bien pour récupérer le plus de jus et de pulpe possible. Servez froid.

 **Quantité**
1¹/₄ tasse

 **Conservation**
2 jours au réfrigérateur

 **Congélation**
2 mois

# Sauce à l'orange

*On trouve désormais dans le commerce des jus de fruits frais qui permettent de faire cette sauce instantanément. Sa légère amertume s'allie bien aux gâteaux chocolatés.*

### INGRÉDIENTS

*2 cuillerées à thé de fécule de maïs*

*2 cuillerées à soupe d'eau*

*1¹/₄ tasse de jus d'orange sanguine frais*

*sucre (facultatif)*

**1** Délayez la fécule dans l'eau, pour obtenir une pâte lisse.

**2** Versez le jus d'orange dans une petite casserole à fond épais et incorporez la fécule.

**3** Faites épaissir sur feu doux, sans cesser de remuer. Goûtez et sucrez si nécessaire. Servez immédiatement.

 **Quantité**
1¹/₄ tasse

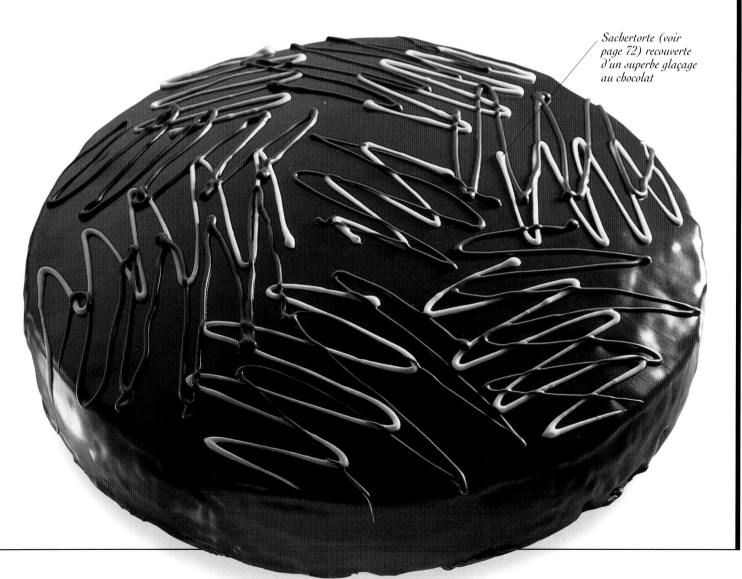

*Sachertorte (voir page 72) recouverte d'un superbe glaçage au chocolat*

# Boissons au chocolat

« Monsieur, voici ce que madame d'Arestel, supérieure du couvent de la Visitation à Belley, me dit un jour, il y a plus de cinquante ans : "Quand vous voudrez prendre un très bon chocolat, faites-le dès la veille dans une cafetière de faïence, et laissez-le là. Le repos de la nuit le concentre et lui donne un velouté qui le rend meilleur. Notre Seigneur ne peut être offensé de ce petit raffinement, puisque lui-même est ce qu'il y a de plus parfait." »

Anthelme Brillat-Savarin,
*Physiologie du goût*, 1825

## Chocolat viennois

*Cette savoureuse boisson évoque les jours dorés de l'Empire austro-hongrois, lorsque Vienne était la ville la plus animée d'Europe.*

### INGRÉDIENTS

²/₃ tasse de crème à 35 %

3³/₄ tasses de lait

3 cuillerées à soupe de sucre superfin

1 cuillerée à soupe de rhum brun ou de cognac

250 g (8 oz) de chocolat extra-noir finement coupé (voir page 32)

**1** Fouettez légèrement la crème et réservez-la.

**2** Réservez 1 cuillerée à soupe de chocolat. Portez le lait au point d'ébullition. Incorporez le sucre en fouettant, puis ajoutez l'alcool et le reste du chocolat.

**3** Versez dans des tasses, répartissez la crème fouettée à la surface et saupoudrez le chocolat réservé.

VARIANTE
**Chocolat chaud mexicain**
Supprimez la crème, mais ajoutez 1 pincée de clous de girofle en poudre et ¹/₂ cuillerée à thé de cannelle moulue.

 **Quantité**
4 tasses

## Lait glacé au chocolat

*En concassant de la glace dans du lait, on obtient l'une des boissons favorites des enfants.*

### INGRÉDIENTS

1¹/₄ tasse de lait

2 grosses cuillerées à soupe de poudre de malt

2 grosses cuillerées à soupe de chocolat instantané

4 grosses cuillerées à soupe de glace à la vanille ou au chocolat

2 boules de glace au chocolat

Travaillez ensemble au mélangeur le lait, la poudre de malt, le chocolat instantané et les cuillerées de glace. Actionnez l'appareil jusqu'à ce que le mélange soit mousseux et homogène. Répartissez dans deux grands verres et posez une boule de glace au chocolat sur chacun d'eux.

 **Quantité**
2 verres

## Chocolat glacé

*Pour faire un chocolat liégeois, il suffit de poser sur le chocolat glacé une boule de glace à la vanille ou au chocolat, de recouvrir de crème Chantilly et de saupoudrer un petit peu de cannelle ou de cacao.*

### INGRÉDIENTS

1 tasse de sucre granulé

1¹/₄ tasse d'eau

¹/₂ tasse de cacao en poudre

2 cuillerées à thé d'expresso en poudre

5 tasses de lait

**1** Faites fondre doucement le sucre dans l'eau, puis portez à ébullition et laissez bouillir vivement pendant 3 minutes. Ajoutez le cacao et le café.

**2** Laissez refroidir et mettez ce sirop au réfrigérateur.

**3** Mettez les verres au congélateur quelques minutes pour les glacer. Versez ¹/₄ à ¹/₃ tasse de sirop par verre et complétez avec le lait. Servez avec des glaçons.

 **Quantité**
4 à 6 verres

## CAFÉ ET CHOCOLAT

Le chocolat aime le café, c'est bien connu. Rien n'est plus savoureux qu'un carré de chocolat avec une tasse de café ou qu'une cuillerée de cacao sur la crème d'un cappuccino. Quelle que soit la machine à café que vous utilisez, essayez donc d'ajouter un peu de cacao dans le café moulu pour en rehausser la saveur. Ou bien, après dîner, proposez ce café un peu particulier : posez un petit carré de chocolat noir au fond d'une tasse bien chaude, remplissez-la de café, ajoutez 1 cuillerée à thé de cognac et couvrez d'une fine couche de crème ; servez sans remuer.

*Un petit éventail en chocolat piqué dans la crème apporte une dernière touche de raffinement*

*CHOCOLAT VIENNOIS*
*Ce chocolat enrichi de crème et d'alcool réchauffe merveilleusement le corps et le cœur.*

*La boule de glace flotte sur le lait glacé*

*LE LAIT GLACÉ*
*parfumé au chocolat est une boisson glacée très prisée par les enfants*

139

## *Moctezuma*

*Un cocktail délicat à déguster à petites gorgées, après le dîner, un soir d'été dans le jardin...*

### INGRÉDIENTS

2 1/2 tasses de lait

1 cuillerée à soupe de sucre granulé

90 g (3 oz) de chocolat extra-noir

1/8 cuillerée à thé de cannelle en poudre

1/8 cuillerée à thé de poivre de la Jamaïque

5 cuillerées à soupe de rhum

1/3 tasse de cognac ou de calvados

le zeste râpé de 1/2 citron

glace pilée

**1** Faites chauffer doucement le lait avec le sucre, le chocolat, la cannelle et le poivre, en remuant constamment, jusqu'à ce que le mélange soit homogène. Retirez du feu et laissez refroidir.

**2** Transvasez la boisson dans un shaker, ajoutez les autres ingrédients et secouez vigoureusement. Versez dans des verres et servez très froid.

 **Quantité**
4 verres

## *Brandy Alexander*

*La crème de cacao constitue la base de très nombreux cocktails, plus adaptés à la fin d'un repas qu'à l'apéritif... ou comme remontant après une promenade hivernale.*

### INGRÉDIENTS

cubes de glace

1/2 tasse de cognac

1/2 tasse de crème de cacao

1/2 tasse de crème à 35 %

noix muscade fraîchement râpée

Mettez tous les ingrédients, sauf la noix muscade, dans un shaker et secouez bien. Passez et versez dans des verres bien frais. Saupoudrez un peu de noix muscade et servez immédiatement.

VARIANTES

**Noureïev :** vodka et crème de cacao incolore, en quantités égales

**Pavlova :** vodka, crème de cacao et crème à 35 %, en quantités égales

**Pouchkine :** vodka, gin et crème de cacao, en quantités égales

**Crow :** whisky, ou bourbon, et crème de cacao, en quantités égales, additionnés d'un petit trait de bitter orange

 **Quantité**
4 verres

*Le noureïev évoque la Russie*

*Whisky et crème de cacao, c'est le crow*

# *Index*

PATRICIA LOUSADA est d'origine italienne, mais née aux États-Unis. C'est sa mère, fin cordon-bleu, qui l'a initiée aux délices du chocolat et de la cuisine en général. Par la suite, elle est allée à Paris perfectionner son savoir-faire. Conférencière, auteur de nombreuses chroniques et de plusieurs ouvrages culinaires, elle est une amoureuse du chocolat.

—— *Crédits photos* ——

h = haut, b = bas, c = centre, g = gauche, d = droite

Toutes les photographies sont de Ian O'Leary, à l'exception des suivantes :
Dave King 39, 42 bd, 43 bd, 45 bd, 46 d, c, bd, 48 ch, b, hd, bd, 51 c, bg, bd, 82-83 bg, c, bd ;
David Murray 32 d.